jeszcze jeden dzień w raju

ALEKSANDER SOWA

Okładka: Aleksander Sowa
Zdjęcia: www.sxc.hu
Redakcja i korekta: Łukasz Mackiewicz – eKorekta24.pl

ISBN-10: 149474337X
ISBN-13: 978-1494743376

--
Aleksander Sowa|
www.wydawca.net

Opole, luty 2016 r.

1.

Dworce są bardzo do siebie podobne. Budynki z czerwonej cegły, betonowe perony, żelazo torów i kabli; zimą gawrony, szprycerzy i bezdomni. Ale stojąca na peronie dziewczyna nie zastanawiała się nad tym. Myślała o zupełnie czym innym, odległym jak oceaniczne antypody. Z kontemplacji wyrwały ją słowa:

– Stacja Opole Główne, stacja Opole Główne.

Z holu dworca patrzyła na wyjście. Rzuciła nerwowe spojrzenie na kolejowy zegar, identyczny jak zegary na innych dworcach.

Jeszcze nie czas, jeszcze muszę poczekać – myślała. Stała na wschodnim krańcu peronu, w miejscu, z którego doskonale mogła wszystko obserwować, pozostając jednocześnie niewidoczną. Zapaliła papierosa i się zaciągnęła.

– Mógłbyś mnie poczęstować? A... Bardzo panienkę przepraszam... Nie zauważyłem.

Bezdomny, zupełnie niespeszony, że wziął ją za chłopaka, przyłożył zgrubiałą dłoń do popękanych ust i ciągnął dalej:

– Nie poczęstowałaby mnie pani papieroskiem? Skoro biegasz sobie dla zdrowia wieczorami, i tak ci ten papierosek jest chyba niepotrzebny, a mnie przyda się bardziej – mamrotał, mieszając formy grzecznościowe.

– Zjeżdżaj – warknęła.

– O! Nie musisz być taka niegrzeczna, nic ci nie zrobiłem.

Zalatywało od niego alkoholem, odorem brudu, męskiego potu i moczu. Zemdliło ją.

– Spierdalaj, mówię, bo zawołam sokistów! Nie rozumiesz? – wrzasnęła.

– A, rozumiem, rozumiem.

Bezdomny z niechęcią się odwrócił i machając obojętnie ręką, mruknął ni to do siebie, ni do niej:

– Nie musisz być taką suką! Chciałem tylko papierosa.

Dziewczynę rozdrażniło to jeszcze bardziej, ale się nie odezwała. Nie chciała, aby ktokolwiek ją teraz zobaczył. Spojrzała raz jeszcze na zegar i zatrzymała błękitne oczy na dużej wskazówce. Poczuła nieprzyjemny dreszcz. Wieczór był chłodny. Przemarzła w sportowym stroju. Nie padało, a mimo to powietrze było ciężkie od wody. Przypominało tchnienie wodospadu. Mgła stopniowo gęstniała, rozmywając i wymazując kontury rzeczy bliższych, czyniła jednocześnie te dalsze nieistotnymi dla źrenic. Przyćmione światło dworcowych lamp rzucało parasole upiornego blasku.

Wtem usłyszała kroki. Dochodziły od strony wejścia. Naciągnęła kaptur mocniej na głowę i skryła się za filarem. Mrugająca i żarząca się ostatkiem sił świetlówka co chwilę skrywała ją na kilka sekund w nieprzeniknionym mroku dworcowego zaułka.

Czyjeś stopy cichutko stukały w posadzkę. Kobieta powoli zbliżyła się do krawędzi peronu. Wszystko szło zgodnie z planem – sądziła. Miała wrażenie, że zastawiona przez nią pajęcza sieć powoli napręża się i za chwilę ugnie pod ciężarem ofiary.

Czekała na Brunona. Nieznajoma się nie liczyła. Nie liczyła się jej tożsamość, choć w istocie powinna. Nagle w ciszy zabrzmiały kolejne kroki. Ukryta za filarem Beatka spostrzegła cień idącego mężczyzny. Jej serce zabiło mocniej. Chociaż nie widziała twarzy, a jedynie zarys, natychmiast poznała mężczyznę. Przynajmniej tak jej się wydawało. To był Bruno.

Przywarła plecami do drewnianego filara, oddychając głęboko. Dziewczyna z peronu i Bruno tymczasem się zbliżyli. Nie tego się spodziewała. Targały nią zazdrość, złość, rozczarowanie i nagle, jak zastrzyk adrenaliny, chęć zemsty. Alkohol potęgował doznania. Wieczór wydawał się magiczny. Pusty dworzec, mokre od mgły, gęste i ciężkie powietrze. Wszystko sprawiało wrażenie snu.

Miała nadzieję, że Bruno nie przyjdzie, że będzie tu sama, ale… przyszedł i z kimś rozmawiał. Był inny, zresztą to teraz nieważne. Ważne, że przyszedł. Nigdy by tego nie zrobił, gdyby jego słowa były prawdziwe. Wiedziała to doskonale. Ta myśl rozrywała jej serce, jakby wypełnione było nieustannie wybuchającym dynamitem.

– Międzynarodowy pociąg relacji Kraków Główny – Berlin Zoo wjeżdża na tor pierwszy przy peronie drugim – oznajmił zapowiadacz. – Przy wjeździe pociągu…

Potrójne światło hamującej wprawdzie, ale nadjeżdżającej z ogromną prędkością lokomotywy elektrycznej zbliżało się z łoskotem. Gdy do jej uszu doszedł pisk i ziemia zadrżała, spojrzała na peron, dłużej się nie kryjąc. Stali kilka kroków od niej.

Zdrajca i jego suka – pomyślała. Złość targała nią jak burza. Alkohol mnożył doznania. Poczuła, że narkotyk zaczyna działać. Zapadła się poniżej poziomu dworca. Poczuła uderzenie masy powietrza, jakby ogromna, kilkudziesięciometrowej wysokości fala przewaliła się przez perony. Mgła odcięła wszystko, co było bez znaczenia. Zostali tylko ona i Bruno. I pociąg. Nagle czas się zatrzymał, jakby po wciśnięciu pauzy, i życie zamarło. Jedynie ona i pociąg mogą się poruszać w tej chwilowej czasoprzestrzeni – myślała. Zrobi to teraz. Szybko, po cichu. Tak, by nikt nie widział. We mgle.

– Tak, zrób to. – Usłyszała. – Na torach, na dworcu. Tam, gdzie nikt nie widzi. Jak we śnie. Teraz. Zanim czas znowu ruszy w pęd ku przyszłości, sprawy już nie będzie. Nie będzie istniała. Bez zbędnych emocji, bez wyboru, obojętnie, w końcu i tak to nieważne, bez hałasu, niczym ostrze losu. – Pulsowało, rozsądzając czaszkę. – Zrób to. Tak, by zabić.

Beatka jak gepard wraz z hukiem wtaczającego się cielska lokomotywy runęła na nich. Pchnęła mężczyznę wprost pod nadjeżdżającego kolosa. Obiema małymi dłońmi z rozwartymi palcami uderzyła w plecy i by nie stać się ofiarą, równocześnie się odbiła. Wylądowała na płytach peronu.

Mężczyzna stracił równowagę. Wykonał jeszcze w powietrzu niepełny obrót, a zabójczyni ukazała się jego twarz. Teraz go poznała. W ułamku następnej sekundy w ciało na torach uderzyła rozpędzona lokomotywa.

Eksplodował czerwony kolor i odgłosy dworca zlały się w cichy, jednostajny dźwięk. Krew była wszędzie. Na niej. Na rękach, twarzy, we włosach. Zlepiała w ciążące jak cierniowa korona strąki. Czuła krew na wargach i to, jak miesza się ze śliną i ścieka po brodzie. Była niczym rzeka płynąca wraz z pociągiem. Lawą z potrzaskanej czaszki, trzewi, kończyn i płuc.

Nagle jej ciałem szarpnął dziki spazm. Wygięła się w nienaturalnej pozie i równie nienaturalny wrzask wydobył się z jej wnętrza, mieszając się z odgłosem hamującego składu. Dokonało się. Tak jak chciał los, wybierając ostrzem przeznaczenie, którego uniknąć nam się nie uda, choćbyśmy próbowali oszukiwać miłością, zemstą, zdradą czy namiętnością. Tak Bruno miał zginąć.

2.

Słowa te niech będą testamentem mojej miłości, mej duszy, pożogi lędźwi, grzechu, namiętności i żądzy. Czy naprawdę są ludzie, którzy nie zasługują na kogoś, dla kogo będą jedyni w całym wszechświecie? Na kogoś, dla kogo słowa i dotyk będzie najważniejszy? Na kogoś, kto będzie tęsknił za zapachem, smakiem i wibracjami strun głosowych?

– Należysz do tego typu istot, których nigdy nie będę miał dosyć – zwykł mówić o niej.

Była wyjątkowa. Gdybyście byli niewidomi, trzeba by znaleźć się w trzech miejscach, aby ją opisać. Po pierwsze, w lesie pachnącym deszczem – takiego koloru były jej oczy, gdy płakała. Potem nad morzem, w czasie sztormu, aby zrozumieć, jak patrzy, gdy w jej oczach jest wściekłość. I po trzecie, na pustyni, gdy zachodzi słońce, by dostrzec ogień, który palił się, gdy patrzyła z miłością. I gdyby na tej samej pustyni schylić się i nabrać ciepłego, spalonego słońcem piasku w dłonie, to przesypując go między palcami, można by poczuć kolor jej włosów. Kolor piaskowej burzy.

Taka była pierwszej nocy i taką chciałby ją na zawsze pozostać. Z dzikim spojrzeniem spod mokrych, niesfornych kosmyków, które przykleiły się do policzków i ust. Oczu, w które Bruno patrzył godzinami, by utonąć w nich jak marynarz w morskich odmętach. A on, patrząc w nie co dzień, nie wiedział, jakiego były koloru. Aż do ostatniego dnia.

– Jakiegoż bowiem koloru są oczy, kiedy mają barwę deszczu? – pytał.

Na jej ustach, one tak cudnie smakowały, milion słów wyrytych jak przykazania. Słowa niepotrzebne, ważne, wielkie i małe... Tyle niewypowiedzianych, tyle wypowiedzianych spojrzeniem, gestem, dotykiem. Tyle niepotrzebnych. Nocy spełnionych zapachem, zanim dotknął ją po raz pierwszy spojrzeniem bardziej gorącym od rozgrzanej lawy.

Była jak skała, o którą rozbijali się wędrowcy, choć chciała pokazać drogę w ciemnościach. Poprowadziła go jak dziewczynka starca, by zapłacił za przewóz Charonowi. On nie był starcem, ona nie była dziewczynką. Nie przepłynął Styksu. Nie, wtedy jeszcze nie, choć stał już u jego brzegu.

– Trzecia litera alfabetu, siódma, pierwsza, dwudziesta szósta i znów pierwsza. Moja Beatka. Mój Duszek. Moje wirtualne zauroczenie. Moja najcudowniejsza kochanka. Moje życie, mój grzech, mój ból w lędźwiach, pożoga, dusza i moja... niespełniona nadzieja. Beata. Beti. Atka i Bee – szeptał. – Taka bliska, daleka... Taka... nieprawdziwa? Czy to sen, czy śniłem? Czy była to prawda? – pytał. – Była rzeczywista czy moim marzeniem? Była, jest czy będzie?

Teraz wiem. Dziewczyna o Perłowych Włosach, pachnąca ciepłym, ożywczym wiatrem namiętności jak bryza. Perlistowłosa. Duszek. W samych tylko skarpetkach, by ogrzać wiecznie zimne stopy. Z butelką wina Aszú z madziarskich winnic w dłoni. Oświetlona w półmroku ciepłym światłem świec. Smukłe palce, które wystukiwały na klawiaturze zaklęte w znaki słowa. Głos aksamitny i ciepły jak żar ognia w kominku. Ogromne, skryte za wachlarzem rzęs oczy. Namiętność, żądza, pożądanie, fascynacja, nienawiść, zazdrość i... miłość?

– Co wybrać, wysoki sędzie?

Tego strasznego dnia na ziemię nie przyszedł świt. Słońce nie wzeszło. Spało zmęczone na łonie głębokiego zielonego jeziora. Posmutniał tego ranka jak każdy, kto traci część siebie, gdy słońce nie wschodzi. Aż się zlitowała i usłyszał:

– Chodź, pokaż mi niebo.

I oto po dniach pełnych mroku nagle rozbłysło światło jak piorun. Znów wszystko było takie jak dawniej, zielone i piękne. Ujrzał ją, najpiękniejszą kobietę na świecie, cudowną, wyjątkową, wspaniałą, i dziękował temu, kto ją stworzył – czy będzie to Bóg, Jahwe, Kriszna, Wisznu, czy ktokolwiek inny.

Stworzył Perlistowłosą wychodzącą z czystych wód Balatonu ze spienionych burzą fal. Woda spływała po jej opalonej skórze wielkimi jak łzy kroplami. W każdej na miliony lat zaklęte było słońce i światło. Stąpała po mokrej trawie. W dłoniach trzymała białe kamienie, wskazując wędrowcom drogę do domu. Był tego ranka zagubionym wędrowcem. Usiadła, by ogrzać stopy zimne od rosy żarem jego ciała. Położyła mu dłonie na oczach, by zapomniał o złym czasie, by zobaczył światło. Jej światło. Wtuliła się w jego ciało jak puzzel, który tylko do niej pasuje spośród tysięcy, i głaskał ją, aby mogła zasnąć. Zabrał jej wszystkie niedobre sny, by mógł zostać sam z marzeniem. Śpiewając, ukołysał ją.

– Nie bój się, żaden duch, żaden cień, żaden ruch nie zbudzi cię ze snu. Jestem blisko i utulam, zaśnij, będę z tobą.

Przyszła, a wraz z nią tysiące zapachów lata, miliardy myśli i długie godziny, kiedy smagał go południowy wiatr niosący słoneczne dni i dzikie, niespokojne noce. Tego dnia wybiegł na wzgórze i rozłożył ręce, by czuć, jak wieje, niosąc zapachy odległych miejsc. Z każdą sekundą stawał się bardziej wolny. Szczęśliwy jak dziki koń wypuszczony po tygodniach niewoli. Potem spadły krople ciepłego deszczu i trwał w nim, pokryty łzami nieba. Czysty jak niemowlę.

Widzę ją teraz, jak znika za wielką niebieską górą, tonąc w polnych, kolorowych kwiatach, i opowiadam wam bajkę o dziewczynie, w której włosach śpi światło. Szepczę cicho dziwne słowa, niełatwo wam będzie je zrozumieć.

– Wędrowcze, kiedy będziesz samotny, niech spadnie na ciebie mała gwiazda, niech cię prowadzi, jak innych prowadzą białe kamienie, wskazując drogę w mrokach samotnych nocy. Tak, wołam cię, obudź się, Dziewczyno o Perłowych Włosach, i prowadź go. Czekaj z perłami pomiędzy niebem a ziemią.

– Śnię? Czy była to prawda? Wszystko, czego teraz pragnę, wszystko, czego chcę, było kiedyś w moich ramionach, Wysoki Sądzie. Bóg mi świadkiem, nie tak miało być, nie tak!

3.

Zadzwonił domofon. Dwa krótkie dzwonki. Jak zwykle, by odróżnić znajomego od domokrążców oferujących jajka, ziemniaki, papier toaletowy, tańsze połączenia telefoniczne i gipsowe aniołki. Umówiony znak wszystkich wtajemniczonych. Zaskoczyło go, że już teraz. Wrócił o 16.00, wcześniej niż zwykle, bo też wcześniej, o 8.00, nie o 9.00, pojechał do pracy.

To była ona. To były jej kroki. Wsłuchiwał się w odgłos butów rozmiaru 39 zawsze, ilekroć był wcześniej. Do drzwi zadzwoniła kobieta, którą kochał. Pierwszy raz spotkał ją kilka lat wcześniej, w akademiku. Tamtego odległego piątku siedział przy stoliku przy oknie, przez które wpadało do ciemnej czeluści pokoju popołudniowe światło. Drzwi się otworzyły i wszedł jego współmieszkaniec. Bruno nie darzył go sympatią z racji upodobania do hałaśliwego przyrządzania śniadań i innych kłopotliwych bądź szczerze nieprzyjemnych dla współmieszkańców zwyczajów (by nie upadlać treści), wymienić wystarczy wieszanie podkoszulków na kaloryferze celem osuszenia z potu. Zatem stanął Pan Król – bo takie dostojne nazwisko nosił ten niecodzienny i, co tu dużo kryć, barwny osobnik. W tych samych drzwiach za jego plecami ukazało się dziewczę o oryginalnej urodzie, o której istnieniu Bruno wiedział, lecz nie dane mu było jeszcze się z wybranką Pana Króla zobaczyć. Stała w szarym, przykrótkim płaszczyku, który później tak dobrze zapamiętał.

– A więc to ty – rozpoczął.

– To ona – włączył się w ich pierwszy dialog Pan Król Nieproszony.

– Nie z tobą rozmawiam – uciął jego wylewną rozmowność. Jak się wkrótce okazało – nieskutecznie.

– Właściwie wychodzimy, więc możesz się już pożegnać – ciągnął dalej Pan Król Gadatliwy. – Idziemy do kina – dodał z jadowitym uśmieszkiem.

– Zatem współczuję – odparł do dziewczęcia i jako osobnik, któremu nader łatwo przychodziło nadawać ksywki, dodając: – Milagros.

Uśmiechnęła się i mocno speszona odeszła wraz z niefortunnym wybrankiem na, jak się okazało, różowiutki film z Britney Spears w roli głównej.

Nazwał ją tak z racji, że „milagros" w którymś amerykańskim, jazgotliwym języku oznacza cud. Jakiś czas później w miłości do niej znalazł sens następnych lat życia. Dni, tygodnie i miesiące przepełnione miłością, której nie zrozumie ten, kto choćby raz jej nie doświadczył.

Malwina. Kwiatuszek. Moja M. Malwek. Kropeczki. Kołderka. Wisienki. Przylądki. Kołderka. Źródełko z kamyczkiem. Wysepka.

Droga Mleczna. Rylec. Drab. Pies. Pieseczek. Ryj. Ich kod. Nie rozumiesz? Nie staraj się, kod miłości znają wyłącznie dwie osoby.

Pamiętał słoneczne dni, kiedy szczęśliwi spacerowali bez celu i po zupełnie zwyczajnych miejscach, oglądając świat wspaniały oraz piękny. Rozstania i chwile wielkiego cierpienia z nieobecności, bez absolutnie żadnego substytutu głosu. Wszystko mówiące słowa piosenki, każde drzewo, kwiat i ptaki ćwierkające tak radośnie. Wszystko tak dobrze pamiętał.

Zmieniały się pory roku i wiosna każdego roku budziła się do życia wspaniała. Tego dnia jeszcze spała, ale w powietrzu intensywniejszy był już jej zapach. Coraz wyraźniejszy i bliższy.

Był szósty dzień kwietnia. Tysiąc czterysta pięćdziesiąty siódmy dzień razem. Otworzył drzwi z radością w sercu, która wypełnia każdego, kto zobaczy w drzwiach tego, kogo oczekuje i kocha. Bruno i Malwina. Ich ostatni dzień. W jej oczach dostrzegł łzy. Płakała. Chciał ją przytulić, zapytać, co się stało, ale rzuciła:

– Przestań! Odsuń się!

– Malwek, coś się stało?

– Nie pytaj o nic, bo nie odpowiem – rozpoczęła, siadając na skraju łóżka, na którym sypiali, po czym dodała, patrząc w oczy: – Odchodzę.

Nie pytał. Kawa nie smakowała. Zapalił silnik samochodu, ten rozgrzewał się powoli. Biegi wchodziły same, a przepisy i ograniczenia były bez znaczenia. Jechał przed siebie, a na koła nawijały się kilometry. Jechał w stronę zachodzącego najjaskrawszą purpurą słońca. Uciekał. Łzy płynęły po policzkach tak łatwo jak dźwięki z głośników radia. Potem przyszła samotna i straszna noc, obojętny dzień oraz wieczór nieuniknionego powrotu.

W ich mieszkaniu zastał wszystko identyczne jak wtedy, gdy wyszedł. Tylko w łazience nie było już jej kosmetyków, mimo to z każdego miejsca wyzierały wspomnienia o niej. Lampa, którą kupiła w Ikei. Kaktus, którego kupili razem. Książki, płyty, ubrania i zapach, którego nie czuł, kiedy byli razem, a którego teraz nozdrza podświadomie poszukiwały, jak wyjęty z wanny karp przed Wigilią szuka wody, co pozbawione jest sensu tak samo jak to, co robił teraz.

I nagle kuchnia. Zlew. Zwykły, metalowy, ocynkowany, prosty, taki sam od lat. Wewnątrz dwie filiżanki po kawie. Nigdy z nich nie pili. To ona piła. Z kimś.

Wszedł do łazienki i skierował wzrok na klozet. Deska podniesiona. Patrzył na kibel i słyszał jej słowa:

– Pamiętaj, że cię kocham.

Wywalił z siebie kolejne porcje wymiocin.

– Kurwa, jak to możliwe?

Czuje, jak życie sypnęło mu piachem w oczy. Nic nie widzi. Nie wie, co dalej, i wciąż zadaje sobie to pytanie.

Mijają dni i noce. Samotne. Życie toczy się wokół dojazdu do pracy, pracy, powrotu, snu i posiłków nieustalonej treści. Przychodzi do tych murów i płacze. Jak dziecko. Prawdziwymi łzami. Nikt tego nie widzi, ale i tak niewielu by zrozumiało. Jedynie ci, którzy sami płakali. Tylko płacząc w samotności, ma się z tego pociechę.

Znikła nagle jak ciekły azot w powietrzu. Przepłynęła między palcami jak mgła i choć była tutaj jeszcze przed chwilą, teraz pyta ją, które zdjęcia chce zabrać. Czuje, że jest obca, jak ktoś, kogo nie widział od lat.

Spędza z nim niektóre noce, by zrozumieli, że nie wejdą już nigdy do tej samej rzeki. Nie będą kochankami i nie połączy ich ust nic innego jak tylko przywiązanie. Jaki sens pić to samo piwo, kiedy uleciał gaz? Nigdy nie będzie już na ich ustach słowa „kocham" i ani cienia namiętności. Nie będzie słów: żyję tylko dla ciebie. Nie będzie wycieczek do miasta Karola, kiedy mróz trzaska, ani obrzydliwej czeskiej herbaty na Staroměstskim náměstí, która pomimo podłego smaku cieszyła podniebienie i serce. Nie będzie uśmiechów i wysokich dzieci. Nie będzie domu z ogródkiem, kota, psa i nie będzie nas. Nie będzie tego wszystkiego, co jej obiecał i co ona obiecała. Nie będzie nigdy już nas... Bo „nas" umarło.

Zostanie żal, że miała odwagę zrobić to, co trzeba było i co przyszłość przyniosłaby sama. Że spieprzyli, co mogło być inaczej.

4.

W biurze panował popołudniowy spokój. Czas ten charakteryzowała cisza, brak zajęć, nuda i myśli, że nim duża wskazówka wykona dwukrotnie okrążenie po cholernej tarczy, będzie można zamknąć. Teraz zegar wskazywał za dziesięć trzecią.

Przez otwarte okno do wnętrza wpadało świeże wiosenne słońce i zapach ciepłego powietrza. Po chłodnym marcu nagle przyszły dni tak gorące, że natychmiast wszyscy poczuli lato. Wydawało się, że jest tak gorąco, bo wcześniej było tak bardzo zimno. Zima tego roku należała do tych najprawdziwszych. Gdy po pierwszych chłodach w połowie grudnia spadł śnieg, leżał nieprzerwanie przez niemal 120 dni. Przed świętami, w czasie zbiorowych mordów karpi, słupki rtęci pokazywały temperaturę poniżej zero, mocno, bezlitośnie i uparcie. Przez prawie trzy miesiące temperatura nie była wyższa niż $-5°C$. W połowie lutego był ponad 30-stopniowy mróz, który sparaliżował na kilkanaście dni ruch na ulicach i skrzyżowaniach. Staruszkowie kiwali głowami, wspominając zimy, które pamiętali z młodości, a oczekujących na przystankach spóźnionej trójki, dziewiątki czy piętnastki szlag trafiał.

Beatka zaczęła pracować w pierwsze dni grudnia. Dni pełne euforii, zapału i dreszczyku nowości, kiedy źrenice na każdy dzwonek telefonu czy skrzypnięcie drzwi rozszerzały się jak u polującego rysia, ustąpiły teraz biurowej monotonii i nudzie.

– Hm, ależ takie promienie słońca są przyjemne – pomyślała, parząc popołudniową inkę z mlekiem.

Skrzywiła się na myśl, że czuje zbliżający się okres. Zaczynała pęcznieć. Za kilkanaście godzin będzie się czuła jak noworoczny balon. Jej piersi wyraźnie się zaokrągliły i stały się wrażliwe na dotyk.

Tutaj światem był dla niej monitor. Nie licząc oczywiście wielkich okien. Często siadała na parapecie i patrzyła na podwórza. Stąd obserwowała dzieci bawiące się na dziedzińcu. Patrzyła na gołębie zlatujące pod ławeczki i na karmiących je ludzi. Relaksowała się, wydmuchując dym przepełniony arsenem, butanem i cyjanowodorem.

Wreszcie będę mogła założyć sukienkę – pomyślała.

– Ale dziś nuda – rzekłszy to do siebie, spojrzała na wiszący na ścianie kalendarz.

Wskazujący datę czerwony kwadracik zakłuł ją w oczy. Z niezadowoleniem stwierdziła dwie rzeczy. Pierwszą, nieprzyjemną, że po przyjściu tutaj zapomina przesunąć ów kwadracik na aktualną datę. Druga była znacznie bardziej nieprzyjemna: do dziesiątego brakuje jeszcze równo dwóch tygodni. Dziesiąty był dniem Matki Boskiej Pieniężnej, jak mówił Igor. Czyli dniem, w którym na jej koncie pojawiały się cztery nowe, następujące po sobie cyfry. Szkoda, że nie pięć, ale dobre i to.

Jak to jest, że mam tyle czasu na wszystko, a zawsze, kiedy popatrzę na kalendarz, to nie wskazuje, jak trzeba? – dziewczyna leniwie poddawała się myślom. Podeszła do ściany. Przesunęła znacznik na czwartek 26 kwietnia.

Usiadła na parapecie, słońce podkreślało jej jasny i ciepły kolor oczu, a jej myśli znów uciekły daleko. Pracuje tu już prawie pół roku – myślała. Czasem ktoś przyjdzie i wtedy się nie nudzi, bo ma co robić. Ale są również takie dni, kiedy przez osiem godzin odbierze 5–6 telefonów, na chwilę wejdzie jakiś człowiek i zaraz potem sobie pójdzie. Chyba to jednak dobrze – pomyślała. W końcu, kiedy chcę, mogę wyjść do sklepu czy gdziekolwiek indziej.

Nagle z zamyślenia obudził ją dźwięk komunikatora, sygnalizujący, że ktoś z listy kontaktów włączył komputer. Pokręcone jasne kosmyki włosów opadły jej na usta, odsunęła je za ucho i postanowiła sprawdzić, kto jest dostępny. W tej samej chwili odezwał się dzwonek biurowego telefonu.

– Travelsun, słucham.

– Dzień dobry, dzwonię w sprawie wyjazdu – zabrzmiał głos w słuchawce.

Ach, więc to jakiś klient – pomyślała. Kilka minut później skończyła i przez głowę przeszła jej myśl, jacy ludzie są dziwni. Czasem pytają o tak oczywiste sprawy, jakby chcieli zapytać:

– Proszę panią, czy jutro wstanie słońce?

– Myślę, że tak – odpowiadała zawsze uprzejma, z uśmiechem w głosie i brakiem na twarzy. – My jako Travelsun zrobimy wszystko, co w naszej kompetencji, aby wstało. Mogę zapewnić, że wstanie.

– A czy będzie również w powietrzu dużo powietrza?

W czasie takich rozmów starała się zawsze zgadnąć następne pytanie.

– Tak, będzie czym oddychać, a jeśli nie będzie przez kilka dni, to troszkę będzie trzeba poczekać, ale potem znów będzie można oddychać normalnie, proszę pana.

Odkładając słuchawkę, uśmiechnęła się do absurdalnych myśli. W istocie dzwoniący pytali o warunki wypoczynku, wycieczki fakultatywne oraz ceny i nie byłoby w tym nic złego, gdyby zawsze nie pytali o to samo. Mocno ją to na początku drażniło, ale teraz, kiedy przywykła, te pytania już tylko ją nudziły.

Poczuła, że pęcherz zaczyna ją uciskać i za kilka godzin będzie wiedziała, gdzie natura umieściła w jej podbrzuszu jajniki. Tak, już przed tym telefonem miałam iść do łazienki. To przez ten kalendarz zapomniałam – pomyślała, szukając wzrokiem wśród rozrzuconych na biurku papierów klucza do toalety. Kiedy wróciła, zaniepokoiła ją cisza. Pamiętała, że gdy wychodziła, grało radio.

– Coś znów się w nim przestawiło.

Pokręciła, szukając stacji. Szybko ją znalazła.

– Do 22 stopni, noc pogodna, nad ranem… – mówił głęboki jak Bajkał głos radiowca.

– Cwany jesteś, bo możesz podawać przyjemne wiadomości ludziom stęsknionym po zimie ciepła i słońca – odparła do radiowca, zdziwiwszy się zarazem, że mówi do siebie.

Zaraz skończy, pogoda to zawsze ostatni punkt programu wszystkich wiadomości – myślała. Nie lubiła wiadomości. Zbyt dużo w nich polityki.

Może by tak pójść dziś na naleśniki albo pierogi? Nie wiem, czy się jeszcze opłaca – myślała, spoglądając na zegar. Zaraz będzie trzecia, a jak wyjdę wcześniej, będę w domu dziesięć po piątej. A, miałam sprawdzić, kto jest dostępny – przypomniała sobie. Przesunęła kursor na żółte słoneczko Gadu-Gadu w prawym dolnym rogu ekranu. „Arkadiusz jest dostępny".

Dawno się nie widzieliśmy – pomyślała o koledze. A tam, i tak nie mam nic do roboty. Może pogada ze mną chwilkę.

Spotkała go w NL. Już przywykła, że nie mówi się i pisze „Holandia", ale po prostu „NL". To skrzywienie zawodowe, które swoje źródło ma właśnie w kontaktach na Gadu-Gadu. A teraz też jest już tylko GG.

W NL była w zeszłym roku. Po tygodniu nauki od rana do wieczora z wyjątkiem niedziel miała dosyć. Chciała wracać. Tego sobotniego wieczoru jej holenderska wredna kierowniczka wyżyła się na niej za to, że nie była grubą, brzydką, piegowatą, zgorzkniałą starą panną jak ona. Rozpłakała się.

Wracając z płaczem do mieszkania, w którym wegetowała z innymi dziewczętami, zobaczyła znajomy kształt. Dziewięcioosobowy opel vivaro w kolorze maków stał kołami jednej osi na chodniku. Przyjechała tutaj tym samochodem. Poczuła impuls i wbiegła do domku, gdzie spali kierowcy. Zaczęła pukać. Łzy ciekły jej po policzkach. Otworzył wysoki blondyn w slipkach, przecierając oczy z zaspania, z otwartymi ze zdumienia ustami.

– Zabierz mnie stąd!

– Co?

– Zabierz mnie stąd, słyszysz? – krzyknęła i wybuchła płaczem ze zdwojoną siłą.

– Chodź.

Chłopak, chyba nadal nie rozumiejąc, rozłożył ręce, chwycił ją za ramiona i przytulił. Kiedy się uspokoiła i przecierała mokre od łez oczy, dodał:

– Jutro o dwudziestej wracam. Jak chcesz, to cię zabiorę.

Chciała. Bardzo chciała. Zabrał ją i tak się poznali. To był Arek. Wracając, całą drogę z nim przegadała, śmiejąc się, żartując i rozmawiając o rzeczach błahych i najważniejszych. Oczywiście o premii musiała zapomnieć. Choć wykręcała się problemami rodzinnymi, to i tak straciła pracę.

Od tamtej chwili spotykali się często. Zapraszał ją do kina i na kolacje. Był miły i wesoły, ale wkrótce się okazało, że chce, jak niemal każdy, czegoś więcej, a ona – no cóż... Nie zrobiło to na niej najmniejszego wrażenia. Świadoma swojej urody przyzwyczaiła się do ciągłych propozycji ze strony mężczyzn i traktowania jej tak, jakby jedyne, co miała do zaoferowania światu, to jej ciało. Owszem, podobało się jej to i łechtało kobiecą naturę, tyle że dawno do tego przywykła i zaloty nie robiły na niej żadnego wrażenia.

Arek był jednym z nich. Typowy facet, których spotykała dziesiątki, jeśli nie setki. Miły koleś.

– Co tam u ciebie, Areczku? – Wystukała na klawiaturze smukłymi palcami. – Dawno się nie widzieliśmy, prawda? – wysłała.

Patrzyła w kwadratowe pomarańczowe okienko na ekranie i czekała. Czasem jej odpowiadał. Tyle że bardzo rzadko. Zwykle pisał bardzo wolno i z okropnymi błędami. Był właścicielem tej firmy, która ich wtedy wiozła. Kiedy wróciła, Travelsun tworzył filię w jej mieście. Z racji swojej pracy Arek miał „szerokie i rozległe kontakty wśród wszystkich szefów", więc „załatwił" jej pracę, powodowany z pewnością czymś więcej niż tylko chęcią pomocy koleżance. Teraz nie odpowiadał na wirtualną zaczepkę.

– Puk, puk… – wystukała.

Cisza. Spojrzała za monitor na karton z sokiem. Obeszła biurko i nalała soku do szklanki z ciętego szkła. Dziś Arek chyba znów nie ma czasu odpowiadać, jak zwykle zresztą – pomyślała, czekając na odpowiedź.

Postanowiła podlać kwiaty. Kiedy wlewała wodę w pierwszą doniczkę, usłyszała cichy dźwięk komunikatora. Aha, a więc odpowiedział – uśmiechnęła się do swoich myśli. Nie widziała jeszcze treści wiadomości i tę chwilę lubiła najbardziej. Pociągnęła łyk pysznego soku i wróciła przed monitor. W radiu cichutko zaczynał się jakiś egzotyczny utwór rockowy. Jej wilgotne usta miały teraz słodki smak. Kliknęła na żółtą chmurkę z napisem „Arkadiusz przesyła wiadomość".

– Mam na imię Bruno. – Wyświetliło się na ekranie.

Co masz na imię? To znaczy… Jak masz na imię? Nie rozumiem, pomyślała. Przecież na tym GG zwykle był Arek albo jego brat, a nie jakiś Bruno. W ogóle co to za imię? Nic nie rozumiem! Może znowu zebrało mu się na żarty i chce ją wkręcić w jakąś nieprawdziwą historię, aby śmiać się z niej do rozpuku.

– Jak to Bruno, Areczku? Czy Ty znów mnie na coś nabierasz? – wysłała.

Po chwili nadeszła odpowiedź:

– Jestem jego nowym pracownikiem. Naprawdę nie mam na imię Arkadiusz.

– Jak to?

– Tak to. – Odpowiedź nadeszła niemal natychmiast.

Tak szybko Arek nigdy nie pisał – pomyślała. Coś mi tu nie gra, nic mi nie mówił o żadnym nowym pracowniku. Ech, pewnie znów się zgrywa.

– To bardzo ładne imię, wiesz?

Szybkość odpowiedzi, brak błędów i to, że piszący używał polskich znaków, zupełnie nie pasowało do wizerunku kolegi.

– Tak?

– Oryginalne – dodała.

– Oryginalne, tak?

– Ale ładne.

– „Ale"? Hm... – podchwycił.

– To taka... zagadka na sam początek.

– Zagadka? – Chyba naprawdę się zainteresował.

– Tak.

– Hm...

– Myślisz, że umiałabym poprawnie zdrabniać to imię?

– Myślę, że tak.

– Mnie przychodzi na myśl tylko „Brunonku" – pisała.

– Ładnie.

– Mnie też się podoba.

– A Bruno?

– Co „Bruno"?

– Podoba Ci się?

– Jak „Bruno"? Jak podoba mi się? – dziwiła się. – Przecież tak masz na imię, po prostu, bez zdrobnień.

– Nieprawda.

Co znaczy „nieprawda"? O co chodzi? Siedziała pochylona nad monitorem, a na policzkach pojawiły się rumieńce.

– Samo w sobie – odparł.

– Nie rozumiem... Brunonku... Jak to „samo w sobie"?

– Bruno to zrobienie od Brunon.

No jasne! Facet ma cholerną rację. Idiotka! Kretynka! Dziewczyna dopiero teraz się zorientowała i trzepnęła się dłonią w czoło.

Hm... – uśmiechnęła się. To na pewno nie Arek. Zbyt szybko odpowiada – pomyślała, jednocześnie poczuwszy dreszcz. Tam jest ktoś, kogo nie zna. Jeszcze.

– Ale dziękuję bardzo za miłe słowa. – Zobaczyła na monitorze. Wzięła jeszcze jeden łyk soku i napisała:

– A więc, Brunonie... Siedzisz sobie w biurze i jesteś pracownikiem Arka, tak?

Czuła, że ogarnia ją ciekawość.

– Tak.

– W takim razie gdzie jest Arek?

– Pojechał do Holandii.

Jej liczne kontakty ze znajomymi na GG nauczyły ją błyskawicznie pisać na klawiaturze, ale ktoś w Arka biurze był jeszcze szybszy.

– Pojechał na dziewczyny? – zapytała.

Niemal natychmiast zobaczyła odpowiedź:

– Raczej na autobusy.

Roześmiała się. Teraz była pewna. To nie może być Arkadiusz. W takim razie kim jest jego pracownik?

– Jak to na autobusy? Nie rozumiem.

– Pojechał oglądać. Ma zamiar kupić jeden z nich.

– Od kiedy u niego pracujesz?

– Od soboty.

– Od której? Od tej?

– Nie, od tamtej.

Znów wybuchła śmiechem.

– W takim razie od prawie dwóch tygodni, tak?

– Tak, dokładnie jestem tu dziesiąty raz.

– Ach, rozumiem. Pracujesz również w soboty?

– Tak.

– I jak jest?

– W soboty jest najwięcej pracy.

– A ogólnie?

– Ogólnie jest… Hm… Dopiero zaczynam się odnajdywać.

– No tak. Początki są zawsze trudne.

– Tak powiadają.

Jak to możliwe – pomyślała – że ktoś nowy od prawie dwóch tygodni jest tam, a ona nic o tym nie wie i nudzi się w biurze?

– Naprawdę masz na imię Bruno?

– Tak.

Odpowiada „tak"! Nie pisze jak wszyscy „no", tylko „tak". Nie zna nikogo takiego. Wymówiła głośno jego imię: Bruno. Uśmiechnęła się. Nie zna nikogo, kto nosiłby takie imię.

– To raczej rzadkie imię, prawda?

– Zadza się.

Zaraz dopisał:

– To znaczy: zgadza się.

Nie musiał tego robić, doskonale wiedziała, co miał na myśli! Pomyślała, że nie zna też nikogo, kto by się poprawiał po tak błahym błędzie.

– Ale nie do końca – kontynuował.

– Jak to „nie do końca"?

– Nie do końca rzadkie.

– Dlaczego?

– Wielu ludzi ma tak na imię.

Ciekawe – pomyślała – nie znam nikogo.

– Przeważnie mężczyźni.

– Przeważnie.

Starała się przypomnieć innego Brunona. Uśmiechnęła się i gdy zastanawiała się, co odpisać, wiadomość od niego ubiegła jej zamiar.

– Albo miał, np. Bruno Schulz.

W tej samej chwili o nim pomyślała. Ubiegł ją.

– Więc jeśli jeden z najwybitniejszych pisarzy na świecie miał takie imię, to chyba nie do końca jest ono rzadkie?

– Tak, to fakt… Bruno Schulz miał tak samo na imię jak ja.

– Mówisz, że to Bruno Schulz ma tak samo jak Ty na imię. A nie jest przypadkiem odwrotnie, hm? – spytała, bo rozmówca wydał się jej troszkę zarozumiały.

– Uhm… – Pojawiło się na monitorze. – Myślę, że to on miał tak na imię jak ja.

Tak, teraz poczuła, że denerwuje ją jego zarozumialstwo.

– A Ty, Droga Nieznajoma Wirtualna Rozmówczyni – jak masz na imię? – zadał dzisiaj pierwsze pytanie.

Niemal zatkało ją formą i treścią. Zapomniała o tym. Zapomniała całkowicie. Boże, jak mogła? Przecież każde dziecko wie, że jeśli poznaje się kogoś nowego, trzeba się przedstawić. Nie zrobiła tego. Co za wstyd!

– Moje jest chyba trochę mniej popularne – odparła. – Mam na imię Beata.

– W takim razie bardzo mi miło, Beatko. Masz bardzo ładne imię. Pięknie brzmi. Jest takie… dźwięczne. Spróbuj je wypowiedzieć głośno.

Zrobiła, jak prosił, ale nie wydało się jej inne niż zwykle.

– I co, poczułaś to? Słyszałaś? Jest takie ciepłe. Takie kobiece i pachnące. Przepełnione pozytywną energią i wibracjami strun głosowych jak szepty kochanków w czasie miłości.

Co to za gość! – myślała. Zrobiło się jej gorąco. Nie dość, że jest zarozumiały do szpiku kości, to na dodatek od razu opowiada jej „takie" rzeczy. Nie żeby to nie było miłe, ale to chyba zbyt… hm… – przez moment nie mogła znaleźć odpowiedniego słowa – …zbyt obcesowe, bezceremonialne. Rozdrażnił ją. Zaczęła pisać:

– Brunonie, to zbyt zuchwały komplement.

Ale już nadeszła kolejna wiadomość:

– Droga Beatko, naprawdę kierujesz się uczuciem?

Jeszcze bardziej rozdrażniona odpisała niezgodnie z prawdą:

– Dlaczego „naprawdę"? I niby dlaczego uczuciem?

– Ponieważ Beatka to kobieta, którą wypełnia światło, jasnowłosa, która kieruje się w życiu sercem, dokonując wyborów. Biorąc pod uwagę łacińskie pochodzenie, jest to żeński odpowiednik Beatus, oznaczający „błogosławiona".

– Zaskoczyłeś mnie.

– Czym?

– Właśnie tym.

– No więc? Jesteś błogosławiona bądź w stanie błogosławionym?

– Powiem Ci kiedy indziej, dobrze? – Nie wiedziała, co odpowiedzieć, więc postanowiła grać na zwłokę.

– Dobrze. Ale pod jednym warunkiem…

– Tak?

– Opowiem Ci coś jeszcze o Twoim imieniu, chcesz?

– Chcę…

– Jeśli zdrobnić „Beata", będziemy mieli „Beatkę", makaronizując: Beti, z angielskiego: Bee, czyli Pszczółkę albo… hm… Tytkę… i… Atkę.

– Jesteś normalny?

– W jakim sensie?

– W takim, że jak idziesz ulicą, to ludzie zwracają na Ciebie uwagę?

– Tylko piękne kobiety.

– Czyli uważasz się za normalnego?

– Mniej więcej… Ze wskazaniem na „mniej".

– Aha, to dobrze. Jak na mój gust to nie całkiem jesteś normalny.

– Why?

Co to ma znaczyć? – pomyślała. „Why"! Przecież to angielski! Ale fakt, jest krócej, więc to ma sens. Uśmiechnęła się do monitora.

– Przecież zwykli ludzie nie wiedzą takich rzeczy.

– A kto powiedział, że jesteśmy zwykłymi ludźmi?

No tak. Miał trochę racji. Przecież każdy jest inny.

– Nie odpowiedziałaś. – Znów przyszła wiadomość.

– Tak?

– Tak.

Przesunęła archiwum wiadomości do góry, próbując odszukać pytanie, tymczasem już pisał:

– Stwierdziłaś, jakobym był nienormalny. Pytam dlaczego.

– Aha… No bo ludzie zazwyczaj nie wiedzą takich rzeczy.

– Jeszcze wielu rzeczy o mnie nie wiesz…

Postanowiła zmienić temat. Czuła się nieswojo. Był pewny siebie, ale jednocześnie w bardzo subtelny i delikatny sposób, tak jakby znał swoją wartość i niczego się nie bał.

– Ale innych sławnych mężczyzn noszących Twoje imię chyba nie ma już tak wielu.

– Przede wszystkim Giordano Bruno – pisał – chociaż on akurat miał tak na nazwisko, więc nie wiadomo, czy się liczy. Ale jest też Bruno z Kolonii, święty. Bruno Bonifacy z Kwerfurtu, też święty. Bruno Jasieński, poeta. Bruno Kiciński, dziennikarz. Chyba wystarczy? – pisał z zadziwiającą szybkością.

– Masz rację, Brunonku. Chyba tak. Zadziwiasz mnie…

– Z Kicińskim czy z Jasińskim?

– Z Bonifacym z Kwerfurtu.

– Aha :-)

Prawdę mówiąc, zaimponował jej błyskotliwością. Sypał nazwiskami, jakby znał tych ludzi i wiedział wszystko.

– Dobry jesteś.

– Daj spokój – odpowiedział, a jej nagle zrobiło się słodko.

Znała to uczucie. Czasem ogarniało ją, kiedy widziała dzieciątko w wózku, albo w czasie spaceru z tatą w parku. To jedno zdanie rozmiękczyło jej nastawienie. Nie był już zarozumiały, ale poczuła, że to, co pisze, jest jego naturalną odpowiedzią.

– A co oznacza to imię? – zapytała.

– Jest pochodzenia germańskiego.

Znów zaczął sypać z rękawa informacje, o których w życiu nie słyszała, a na pewno nie byłaby w stanie ich zapamiętać, choć może powinna.

– Wywodzi się od słowa „brün" oznaczającego niedźwiedzia. Forma „Brunon" powstała pod wpływem łacińskim. W Polsce imię Bruno zanotowano już w XIII wieku. Myślisz, że jest trafne?

Niech go szlag! Skąd on wie takie rzeczy? Była teraz zszokowana. Co za mądrala! Postanowiła, że nie będzie grać głupiej gęsi i też coś napisze!

– Nie wiem… Nigdy Cię nie widziałam. Nic o Tobie nie wiem. Nawet ile masz lat i jak wyglądasz, Mój Drogi. A masz tyle włosów co niedźwiedź?

– Troszkę mniej.

Nim odpisała, nadeszła kolejna wiadomość:

– Ale zapewniam, Apollo przy mnie to pestka.

Znów ją rozbawił, tym razem prawie do łez. Spodobał się jej. Miło się z nim gawędziło. Nie pozował jak wszyscy, którzy ją widzieli po raz pierwszy i udawali kogoś, kim nie byli, chcąc zagwarantować sobie prawo do zdjęcia jej majtek.

– Rozbawiłeś mnie.

– Cieszę się bardzo.

– Ja też.

– Daj spokój!

Znów to zrobił! Znów użył tego sformułowania. Rozmiękczał ją tym swoim „daj spokój". Tak się nie pisze – myślała – tak się mówi.

– Kiedyś coś czytałem o imionach przy okazji pracy magisterskiej i stąd to wiem – odpowiedział.

– O, ja też muszę skończyć swoją. Jejku... Zupełnie mi to nie idzie! I bardzo się tym martwię.

– Jak chcesz, pomogę Ci.

Ciekawe jak? – pomyślała, spoglądając na zegarek. Było już po piątej! Pisząc z nieznajomym, zapomniała o bożym świecie. Za pięć minut musi wyjść z biura, aby zdążyć na autobus.

– Muszę kończyć, Brunonku! Idę do domu. Będziesz jutro na GG?

– Tak, będę. Miłego wieczoru, Bee!

– Bee?

– Zdrobnienie.

– Zdrobnienie?

– Internetowe... „Bee" od „Bea"... W sensie Pszczółka. Fonetycznie.

– Niech będzie, Brunonku.

Hm... Tego też jeszcze nie było – aby ktoś mi życzył miłego wieczoru – pomyślała, zamykając biuro. W autobusie wciąż o nim myślała. Bardzo dobrze się z nim rozmawiało. Kim jest ten Bruno? Ciekawe, jak wygląda, ile ma lat. Miły był bardzo. Taki nienachalny i szybko się z nim rozmawiało, a czas tak prędko zleciał. Niepotrzebnie się na niego zdenerwowałam – pomyślała, uśmiechając się do szyby i zmieniających się za nią obrazów.

5.

Wnętrze czerwonego volkswagena garbusa nagrzało się od kwietniowego słońca. Kiedy Bruno kręcił korbką, by uchylić okno, myślał, co dziś spotkało go w biurze. Przekręcił kluczyk i silnik, o dziwo, od razu wesoło zamruczał. Oczywiście zaczął kaszleć i pracować nierówno, ale to było normalne, kiedy był zimny.

Parkował zawsze na chodniku. Potem, kiedy zaczęło się robić cieplej, podjeżdżał pod wielkiego orzecha. To zapewniało nieco klimatyzacji, kiedy wsiadał do auta po piątej.

Wbił bieg i ruszył. Miał do domu kilka kilometrów. Uwielbiał drogę powrotną. Mógł cieszyć się spokojem po pracy i nie musiał się śpieszyć. Oczywiście, gdyby chciał, mógłby. Ale teraz nie miało to sensu. Zwykle musiał się spieszyć, kiedy rano jechał do pracy. Prawie zawsze trafiał się wtedy jakiś kierowca, częściej kobieta, która jechała tak, że szlag go trafiał, gdy myślał o jeździe i wskazówkach zegara.

Było po piątej, na szóstą był umówiony z kobietą, by obejrzeć mieszkanie. Kiedy Malwina odeszła, nie mógł pozostać dłużej w ich mieszkaniu. Musiał się wyprowadzić. Tam zbyt wiele jej było. Ciągle o niej myślał. Przyszła i odeszła. Został sam z mieszkaniem, ze wspomnieniami i sercem, które co noc wyżynała rozpacz, a rano powstawało na nowo, by wieczorem znów było co wyciąć.

Kobieta od mieszkania wydawała się sympatyczna, kiedy rozmawiał z nią przez telefon. Choć miała przyjemne nazwisko – nazywała się Jolanta Słowik – w istocie była wyborową suką. Ale o tym przekonał się nieco później, kiedy przyszło rozmawiać o pieniądzach. Była kobietą, która w wieku lat pięćdziesięciu kilku wyglądała na młodszą o kilka lat. Natomiast doświadczeniem odpowiadała piramidom egipskim, przy czym najprawdopodobniej jedynie w kwestii oszustw, matactw, wyłudzeń i wszystkiemu innemu, co mogłoby jej zapewnić jak największy dostatek oraz luksus. Była od kilku lat wdową, dwukrotną zresztą, co zważywszy na jej półwiecze, było osiągnięciem w jego przekonaniu niemałym i również dawało do myślenia.

– Dzień dobry – powiedział, kiedy otworzyła drzwi. – Rozmawialiśmy przez telefon o mieszkaniu. Nazywam się…

– A tak, przypominam sobie. Hm, myślałam, że będzie pan wyglądał nieco inaczej – odparła, zapraszając Brunona do wnętrza. – Proszę, niech pan wejdzie, porozmawiamy o warunkach wynajmu – mówiła, równocześnie wypuszczając kłęby dymu z cienkich jak słomka papierosów.

– Wolałbym najpierw obejrzeć mieszkanie – odrzekł, zagłębiając się w długi, mroczny korytarz.

Po chwili z widma drzwi, od kuchni – jak mniemał, bo czuł zapach kolacji – wybiegł z jazgotem paralityczny jamnik, wpadając w poślizg tylną parą łap. Skundlony pies, podchodząc z udawaną odwagą, jął najpierw warczeć na intruza, by następnie z ogromnym zainteresowaniem bezczelnie obwąchiwać lśniącym nosem buty gościa.

– Tylko się ubiorę i zaraz pojedziemy. – Udawana uprzejmość drażniła.

– Dobrze, poczekam.

– Więc na ile chciałby pan to poddasze? – zapytała z któregoś z mrocznych pokoi.

Jej mieszkanie napawało go strachem, obrzydzeniem i grozą. Zastanawiał się, jak można mieszkać w takich warunkach. Było tu ciemno, duszno, śmierdziało papierosami, psią sierścią, zapewne też odchodami i moczem, choć wolał sobie tego nie uświadamiać. Nie zdziwiłby się także, gdyby w którymś z pokoi rozkładało się ciało jej drugiego lub, co gorsza, pierwszego małżonka.

– Nie wiem, najpierw chciałbym je zobaczyć.

Pies nie dawał spokoju i zlustrowawszy dokładnie lewy but, bezceremonialnie przymierzał się do rozpoczęcia kopulacji z golenią Brunona, obłapiwszy nogę przednimi łapami i wywaliwszy jęzor na wierzch.

– Daj spokój, Rex – powiedziała właścicielka zwierzęcia.

Pojawiła się, kiedy miał już gołymi rękoma udusić rudzielca na krzywych nogach.

– Więc chodźmy – rzekła Land Lady, jak w myślach natychmiast ją ochrzcił.

Wzięła z wiklinowego koszyka kluczyki do auta i wyprowadziła się zręcznie z wąskiego korytarza, jednak nie omieszkawszy otrzeć się o plecy Brunona zbyt dużym biustem.

– Och, przepraszam. Powinnam już dawno ją zburzyć – powiedziała, wskazując kluczami ścianę. – Ale ciągle nie mam czasu, by to zorganizować. Zna się pan na budowlance? – zapytała, zamykając drzwi na dwa zamki.

– Niestety nie bardzo – odpowiedział niezupełnie z prawdą, bo w technikum bardzo lubił murować i pomagać majstrom we wszelkiego rodzaju remontach oraz przebudowach. Umiał trzymać kielnię i wiedział, do czego służy rajbetka. Potrafił kłaść posadzki i budować proste ściany.

– Szkoda, bo może mógłby mi pan pomóc.

– Wolę niczego nie zepsuć.

– Trudno. Przyjechał pan samochodem czy autobusem? – zapytała, błyskając wąskimi oczkami, na których było stanowczo zbyt dużo tuszu, a mimo to doskonale komponowały się z nadmiarem czerwonej szminki na ustach. W naturalnym świetle przywodziła na myśl aktorkę z opery mydlanej.

– Samochodem.

– Uhm – mruknęła. – A którym? – zapytała bezceremonialnie, chcąc zapewne ocenić status materialny, a tym samym wypłacalność lokatora. – Przepraszam za wścibstwo.

– Tym czerwonym. – Wskazał garbusa.

– To pana?

Udała zdziwioną, lecz z jej głosu wyczuł, że chętnie wynajęłaby mieszkanie komuś, kto przyjechałby mercedesem.

– Tak.

– W takim razie pojedziemy moim – odparła, prowadząc go do czarnego BMW M3.

– Teraz pani mnie zaskoczyła.

– Tak? A czemu? – zapytała wyraźnie zadowolona.

– Nie sądziłem, że kobieta taka jak pani będzie jeździła samochodem, który ma ponad dwieście koni mechanicznych.

– Ponad dwieście pięćdziesiąt. O, nie zna się pan na murarce, ale rozróżnia pan samochody. – Zadowolona wsadzała kluczyk do stacyjki.

Bruno znał się na samochodach bardzo dobrze. Zresztą nie tylko na samochodach. Uwielbiał wszystko, co miało silnik: samochody, samoloty, motocykle. Samochód Land Lady był najmocniejszą wersją tego auta i Bruno naprawdę dziwił się, że nie jeździ nim opalony miłośnik siłowni, ale stara lampucera. Gdyby tak bardzo nie kochał swojego garba i miał nieco więcej pieniędzy, z chęcią kupiłby właśnie taki samochód.

– Należało do drugiego męża.

– Dobre auto.

– Trochę za dużo pali. Ale mąż bardzo je lubił. Teraz ja je mam.

We wnętrzu wyraźnie było widać, kto jest właścicielem samochodu. Wszędzie, w szczególności na tylnej kanapie, było pełno sierści, zapewne kundla onanisty. Wtarte w welurowe dywaniki błoto czerniało na podłodze. Pety z popielniczki wysypywały się do schowka obok. Miejsce, gdzie powinna znajdować się zapalniczka, ziało szczerbą, a tapicerkę pokrywał drobniutki pył, prawdopodobnie od strzepywania popiołu przez okno.

Kiedy ruszyli, aż go zabolało – poczuł od razu, że auto jest katowane. Bieg wbijała ze zgrzytem, bo w butach ze zbyt sporym obcasem nie mogła wciskać sprzęgła do końca. Robiła to zbyt rzadko, więc albo jechała na przesadnie wysokich obrotach i na za niskim biegu, albo na zbyt niskich i zbyt wysokim biegu.

– Powiem panu tak – zaczęła – mieszkanie nadaje się właściwie do remontu.

– Rozumiem – odpowiedział, czekając na dalsze wywody.

– Jest tam oczywiście prąd i kanalizacja, ale ciepła woda leci tylko wtedy, kiedy zagrzeje ją sobie pan w bojlerze.

– A ogrzewanie?

– Kaflowy piec, taki wysoki, wie pan? – zapytała, nie oczekując odpowiedzi.

– A gdzie można trzymać drewno i węgiel?

– Jest piwnica. Mam tam trochę gratów, ale miejsce na tonę węgla i troszkę drewna na pewno się znajdzie.

– A jak z czynszem?

– Interesowałaby mnie płatność osobista, u mnie do piętnastego każdego miesiąca – rzekła, zerkając chytrze pod pozorem uśmiechu.

Zaparkowała niezręcznie jednym kołem na chodniku i kiedy wysiadł, nie mógł patrzeć na tak zaparkowany samochód.

– A ile?

– Siedemset złotych plus to, ile pan zużyje wody i prądu.

– Są liczniki?

– Są.

– Rozumiem – odparł. Mógł sobie na taką kwotę pozwolić.

Stali przed czteropiętrową kamienicą. Przed domem rosły dwie lipy, które jak ocenił, mogły być posadzone w tym samym czasie, kiedy zbudowano budynek. Weszli na ostatnie piętro drewnianymi schodami, które świetnie sprawdziłyby się w razie pożaru jako detal, który zabija. Na piątej kondygnacji nie było już nic więcej prócz strychu po prawej stronie i mieszkania do wynajęcia po lewej.

– Wynajem na przynajmniej rok – powiedziała, siłując się z zamkiem w drzwiach.

– Jest tu telefon?

– A tak, jest. Zapomniałam. Tylko że odłączony. Może pan odbierać rozmowy przychodzące, chyba że zdecyduje się pan, to uruchomimy go na stałe.

Wreszcie weszli. Pierwsze, co przyszło mu na myśl w tym mieszkaniu, to światło. Było bardzo jasno. Okna nisko osadzone nad podłogą z desek rzucały do wnętrza ogromne ilości światła.

– Kto tutaj mieszkał poprzednio?

– A, wie pan, taka jedna artystka, puszczalska. Przeprowadziła się do Krakowa, bo tutaj, jak mówiła, nie miała perspektyw artystycznych. Interesowałaby mnie również kaucja.

– Ile?

– Tysiąc – odparła, błyskając oczkami lichwiarki. – Ale oczywiście do zwrotu, jak się pan będzie wyprowadzał – dodała uspokajająco.

– Oczywiście – mruknął. – Biorę.

– Co?

– Biorę to mieszkanie, podoba mi się.

– Tak od razu? – zapytała zdziwiona. – Nawet się pan dobrze nie rozejrzał.

– Rozejrzałem się wystarczająco, odpowiada mi – odrzekł, patrząc przez okno.

– Więc bardzo dobrze. – Zatarła ręce zadowolona.

Kiedy po raz pierwszy wszedł sam do tego mieszkania, dochodziła dwudziesta. Składało się z centralnego, dużego pokoju z dwiema pochylonymi przeciwległymi ścianami. Sufit przy ścianach podpierały trzy grube jak pnie drzew drewniane filary. Strop i podłogę wykonano z desek. Mniej więcej w 1/3 pokoju podłoga unosiła się na wysokość dwóch schodków i na podwyższeniu zorganizowane było miejsce na kuchnię oraz łazienkę. Z prawej strony, od wschodu, dodatkowe oświetlenie dawało okno dachowe. Wpadające przez nie światło wypełniało kuchenne szafki i zlew z nierdzewnej stali. Pomiędzy kuchnią a pokojem ustawiony był niewielki stolik z uciętymi nogami. Ściany, poza skośnymi, były nieotynkowanym murem z cegieł. Tylko komin pokryto tynkiem. Ustawiony dokładnie w środku całego poddasza optycznie dzielił przestrzeń na dwie części.

Łazienka wyposażona w białą wannę, którą, o dziwo, wmurowano w podłogę, stała na podwyższeniu. Brakowało umywalki, ale za to było lustro. Kiedy mył ręce, słyszał gruchające nad głową gołębie. Dochodziło do jego uszu także ciche skrzypienie desek, gdy chodził. Podobało mu się tutaj. Nie widział jej. Wiedział, że tutaj może zapomnieć o Malwinie.

Tamtego dnia spędził ostatni wieczór w swoim starym mieszkaniu, gdzie z kątów wyzierała jeszcze Malwina. Następnego dnia rozmówił się z szefem, pożyczył dostawczaka i w kilka godzin się spakował.

Płakał, wybierając przedmioty do zabrania. Jej rzeczy odkładał na bok. Żelazko, kosmetyki, książki i zdjęcia. Chciał mieć to już za sobą. Potem wszystko przewiózł do nowego mieszkania.

Kamienica, w której zamieszkał, była ostatnią na tej ulicy. Ulica wznosiła się stopniowo i dom, w którym przyszło mu mieszkać, stał w jej najwyższym miejscu. Dalej był tylko park i zoo. Z okna, kiedy był tu z właścicielką, zobaczył właśnie ten widok. Zauroczył go i dlatego tak szybko się zgodził.

Zabrał się do najcięższej pracy. Musiał wszystko wnieść na piąte piętro. Zaczął od najlżejszych rzeczy. Spakowane wcześniej w foliowe torby wnosił, dopóki na rękach nie pojawiły się nitki napuchniętych żył. Sąsiedzi zerkali z zainteresowaniem.

Najtrudniejsze dopiero go czekało. Z pralką nie było jeszcze tak źle. Starego, wirnikowego świdnika przeniósł bez większych problemów z dwoma odpoczynkami na trzecim i czwartym półpiętrze. Gorzej z lodówką. Na drugim półpiętrze opadł prawie z sił, mimo że był silny fizycznie.

Odpoczywając, niemal zupełnie wyczerpany, zrozumiał, że popełnił ogromny błąd. Powinien był najpierw wnieść lodówkę i pralkę, potem dopiero resztę. Przecenił swoje możliwości. Wprawdzie był wysportowany i rzadko ktoś mógł mierzyć się z nim na pompki – bo od zrobienia stu bez odpoczynku zaczynał każdy dzień – ale lodówce musiał przyznać pierwszeństwo. Patrząc na nieszczęsny sprzęt, siedział na klatce spocony, pokonany i zmęczony. Po półgodzinnym odpoczynku, odpoczywając z lodówką na poręczy, wreszcie dokończył przeprowadzkę w morderczym wysiłku. Pod kominem położył materac i tam postanowił spać. Położył się i zaraz zasnął. Tak spędził pierwszą noc w swoim nowym lokum.

6.

Beatka stała przed lustrem i czesała piaskowe włosy. Nie lubiła tej czynności. Czesząc się, myślała o nim. Bruno był dla niej literkami, ale strasznie ją te literki interesowały. Musi dzisiaj zadać mu wiele pytań. W autobusie ułoży listę rzeczy, o które go spyta. Popatrzyła na zegarek i natychmiast się zdenerwowała.

Już siódma trzydzieści, a ja jeszcze w piżamie – pomyślała, odkładając szczotkę. Umyła szybko zęby i się ubrała. Zmieniała koncepcję wyglądu trzykrotnie, co zaowocowało, rzecz jasna, bezlitosną zmianą na tarczy zegarka. Zrobiła makijaż. Malując usta, uświadomiła sobie, że spóźnia się przez to, że chce mu się podobać. Chryste, nawet nie będzie mnie widział, a ja o czymś takim pomyślałam! – dotarło do niej.

Gdy usiadła w autobusie, miała dwadzieścia minut na rozmyślania. Postanowiła możliwie najlepiej wykorzystać ten czas. Po pierwsze i najważniejsze uznała, że będąc pracownikami współpracujących firm, mają cały czas okazje do kontaktów. Bez wątpienia kiedyś się spotkają w prawdziwym świecie. Najlepiej będzie, jeśli od razu, na samym początku tej znajomości, będą wiedzieli, jak wyglądają. Dlatego prześle mu zdjęcie, jego również o to poprosi. Musi też dowiedzieć się wielu rzeczy o nim. Choćby tego, czy ma dziewczynę, a jeśli nie, to dlaczego, a jeśli ma – myślała – to kim ona jest i jak się poznali. Choć prawdę mówiąc, wolałaby – sama nie wie czemu – aby dziewczyny nie miał. Musi też wiedzieć, gdzie mieszka i jak to się stało, że zaczął pracować dla Arka. Interesowało ją również, jaką skończył szkołę i czym się pasjonuje.

Przekręcając klucz w zamku biurowych drzwi, nie mogła się doczekać, kiedy włączy komputer. Poczuła radosne podniecenie. Pojawił się pulpit Windowsa XP, a słoneczko GG zapaliło się na żółto.

Weszła w kontakty. Jego słoneczko było smutnie czerwone. Zdziwiło ją to. Po chwili się zasępiła. Może się spóźni?

Rozpoczęła pracę. Nie pojawił się tego dnia. Napisała do niego dwie wiadomości. Nie chciała, ale nie mogła się powstrzymać.

– Puk, puk… Brunonku, jesteś tam? – napisała, ale odpowiedzi nie otrzymała. Pisała z Magdą i ze Skwarkiem.

– Brunonku, co się z Tobą dzisiaj stało? – Pod koniec dnia postanowiła napisać jeszcze raz. – Mam nadzieję, że nie jesteś chory. W każdym razie życzę Ci miłego dnia. – I dołączyła graficzne słoneczko. Nie odpowiedział.

Kiedy wracała zmęczona, myślała o kąpieli i położeniu się do łóżka. W myślach obiecywała sobie, że dopisze coś jeszcze w swojej pracy magisterskiej. Zostały jej niecałe trzy miesiące, a nic ciągle nie miała. Po powrocie położyła się jednak do łóżka, zasnęła przy książce. Nic nie napisała.

7.

Rankiem zadzwoniła Malwina. Czyli od rana zepsuty cały dzień – pomyślał. Rozstania są takie trudne.

– Wyprowadziłem się.

– Zabrałeś swoje rzeczy?

– Tak. Zostawiłem twoje. Do końca miesiąca mogą tam jeszcze być. Ale musisz je wziąć.

– Wezmę, nie martw się.

– Nie martwię się.

– Przestań, nie możesz normalnie rozmawiać?

– Normalnie mówię, to tobie coś nie pasuje.

– Przestań.

Wyraźnie nie mogli się porozumieć. Zwyczajnie nie mogli się ze sobą dogadać, chociaż nie tak dawno było wszystko w porządku – myślał. Oszukiwała go. Rozmawiał z Bullem przedwczoraj. Ten przyznał, że widział ją z Angolem i bynajmniej nie zachowywali się jak kumple.

Bruno coś podejrzewał. Nie miał dowodów. Ale kiedy Bull to potwierdził, postanowił wejść na jej skrzynkę e-mail. Znał oczywiście adres i hasło, bo sam tę skrzynkę kiedyś założył. Ona zresztą znała i jego hasła, byli przecież parą przez prawie cztery lata. Najpierw otworzył folder z otrzymanymi wiadomościami. Wśród reklam Durexu, których nie wiadomo czemu nigdy nie kasowała, były cztery e-maile od niego. From: Adam Sklarksey (adamsklarksey@yahoo.co.uk). A jednak. Poczuł, że jest mu jeszcze bardziej przykro, ale jednocześnie lżej. Miał teraz pewność.

Dear Malvina!
I know you don't believe me but always...

Nie musiał czytać dalej. I nie czytał. Zamknął skrzynkę, otworzył swoją i natychmiast zmienił hasło. Bull miał rację.
– Oszukiwałaś mnie.
– Co?
– Byłaś z Adamem.
– Nieprawda. Jestem z Adamem, ale kiedy byłam z tobą, nie spotykaliśmy się. Tylko w pracy.
– Tylko w pracy? – zapytał, zatruwając rozmowę morzem sarkazmu.
Otworzyła usta, by coś odpowiedzieć, ale słowa uwięzły jej w gardle. Przypomniał sobie, jak wychodziła wieczorami z Agatką i Kasią... do Adama.
– Powiedziałaś, żebym nie pytał. Teraz wiem, o co ci chodziło.
– Przestań, proszę.
Zamilkli. Miała rację, to nic nie da – pomyślał. Musi zakończyć wszystkie wspólne sprawy, aby jak najszybciej o niej zapomnieć i na nowo ułożyć sobie życie.
– Masz rację – zaczął. – Musimy się jeszcze spotkać.
– Nie mam czym przetransportować moich rzeczy.
– A masz gdzie je trzymać? – zapytał, bo nie wiedział, dokąd właściwie odeszła i gdzie sypiała.
To, że mówiła o koleżance, nie musiało być prawdą i pewnie nie było. Zresztą zrozumiał, że była najbliższą w jego życiu osobą, która oszukiwała go i okłamywała.
– Mam.
– Pomogę ci, przewieziemy je w garbim. Jak będzie trzeba, to pojedziemy dwa albo trzy razy.
– Dziękuję.
– Umówmy się na jutro.
– Nie mogę jutro, jestem umówiona.
Ciekawe z kim – pomyślał. Pewnie z tym cholernym Anglikiem.
– Nie umówiłam się z Adamem, tylko z Agatką, jeśli cię to interesuje. – Zdawała się czytać w jego myślach.
– Nie interesuje mnie to. Albo inaczej: nie interesują mnie twoje kłamstwa.
– Przestań. Mówiłam ci, że nie spotykam się z nim.

– Nie wierzę w twoje słowa. Nie wierzę ci zresztą w ogóle. Nie mamy o czym gadać. Załatwmy wszystko jak najszybciej i zapomnijmy o sobie.

– Zapomnijmy? Ja chciałabym się z tobą spotykać.

– Spotykać? Malwik, wiesz co? Przestań już. Zadzwoń albo wyślij SMS-a, kiedy będziesz mogła, tylko jak najszybciej.

– Obiecuję.

Spoglądając na gasnący wyświetlacz telefonu, przypomniał sobie, jak oświetlał komórką klawiaturę jedynego telefonu publicznego w całym Zieleńcu. Na trzecim roku był dziesięć dni na obozie narciarskim. Wydawał wszystkie pieniądze na karty telefoniczne i rozmawiał z nią godzinami – zawsze po dwudziestej drugiej, bo taniej w taryfie nocnej, i stojąc na kilkustopniowym mrozie. Teraz nie potrafią się ze sobą pożegnać.

Był wtedy szaleńczo zakochany. Kilka dni przed wyjazdem na ten cholerny obóz spędzili ze sobą pierwszą noc. Styczeń niósł odgłosy miasta, a oni bali się, że poniesie odgłosy ich namiętności. Szczęśliwym trafem, kiedy ich ciała splotły się w miłosnym uścisku, poranną ciszę w mieście zdominował odgłos strażackich syren, karetki czy też policji. Potem musiał jechać. Był to koszmar tęsknoty za nią.

Dziś wsiadł do auta i ruszył do pracy. Dochodziła 8.45. Wyjeżdżał z miasta. Rozpędził samochód do 90 km/h, kiedy drogę zajechało mu renault clio.

– Niech to szlag! – zaklął.

To był łuk i wcale nie uśmiechało mu się hamować, kiedy już puścił w ruch swoją maszynę. Postanowił wyprzedzić bez hamowania. Za łukiem jest przecież długa prosta – pomyślał – nawet „jak coś", to się zmieszczę.

Odkąd Malwina odeszła i jego życie runęło w gruzach, jeździł bardziej ryzykownie niż dotychczas. Nie umiał tego wytłumaczyć. Z jednej strony uważał, że samobójstwo z powodu miłości to idiotyzm i czuł właściwie niczym niezmącony instynkt samozachowawczy, a jednak ryzykował.

Wysunął się na podwójnej ciągłej linii zza renówki i zobaczył przed sobą prostą, którą doskonale znał, bo jeździł nią codziennie. Nacisnął gaz. Zaraz potem dostrzegł kątem oka radiowóz i zaniechał wyprzedzania w nadziei, że niczego nikt nie widział. Nadzieja zgasła natychmiast, kiedy na drogę wyszedł policjant i zatrzymał go.

– To był bardzo niebezpieczny manewr, panie kierowco.

– Tak, wiem, panie władzo – odparł zrezygnowany i nie dość, że podminowany rozmową z Malwiną, to jeszcze z mandatem, którego mógł się w tej sytuacji spodziewać.

Jak jeszcze zobaczy te nieszczęsne opony, to zabierze dowód rejestracyjny i wyśle na przegląd techniczny – analizował. Będzie musiał zapłacić nie tylko za mandat, lecz także za koszty przeglądu – myślał – a przy tej przeprowadzce trochę już wydał i był prawie całkiem spłukany. Do tego spóźni się jeszcze do pracy.

– Proszę dowód rejestracyjny, prawo jazdy i dowód ubezpieczenia OC. – Zimnym głosem poprosił policjant.

Z papierami w dłoni obejrzał dokładnie przód samochodu, obszedł go z tyłu i poszedł do radiowozu.

– Panie Brunonie! – wrzasnął po chwili. – Proszę do mnie! Podszedł.

– To będzie dwieście pięćdziesiąt złotych i cztery punkty karne.

No to nieźle – pomyślał Bruno. Dobrze, że chociaż dowodu nie zabierze.

– Trudno – odparł, wzruszając ramionami.

– Gdzie się pan tak śpieszy, co? Do dziewczyny? – Policjant zaśmiał się cicho.

– No właśnie nie. Odwrotnie, dwa tygodnie temu odeszła i przeprowadzkę mam. No i teraz się śpieszę do pracy.

– Aha. – Glina pokiwał głową, dając znak, aby mówił.

– I wie pan, panie władzo, kierowca, którego chciałem wyprzedzić – Bruno kontynuował wyjaśnienia – włączając się do ruchu, zajechał mi drogę, więc albo mogłem hamować, albo zobaczyć, czy jest pusto. Byłem rozpędzony, a staruszek – wskazał garbusa – nie lubi niepotrzebnie hamować i rozpędzać się znowu. No i dalej to pan władza sam już widział…

– Widziałem. Przecież przez takie coś może się pan zabić.

Nie odpowiedział. Policjant miał rację. Ale nie chciał już mówić o całej reszcie. Policjant patrzył chwilę i zagadnął do drugiego, który zupełnie się nimi nie interesował.

– Tadek, przejdź się, co?

Drugi policjant bez słowa przeszedł parę kroków z rękami w kieszeniach. Ze źdźbłem trawy w ustach bezmyślnie patrzył na przejeżdżające samochody.

– Myśli pan, że da się coś z tym zrobić?

– To przecież od pana zależy.

– I co teraz będzie?

– Nic. Co ma być? Przecież nie wsiądę i nie ucieknę panu, tylko co pan wypisze, to będzie – odpowiedział zrezygnowanym tonem.

Jeśli ten dzień tak się zaczyna i tak ma cały wyglądać, to najpewniej zginie do wieczora – Bruno pomyślał smutno.

– Ile byliście razem?

– Prawie cztery lata.

– Poszła do kogoś?

– Na początku myślałem, że nie, ale teraz wiem, że tak. Dowiedziałem się właśnie dzisiaj.

– Nie martw się. Nie martw się, mówię ci – pocieszał mundurowy.

– Jak poszła, to krzyż jej na drogę, tego kwiatu jest pół świata... Pamiętaj! A teraz jedź ostrożniej. – Niepostrzeżenie przechodząc z formy „pan” na „ty”, policjant zmienił zachowanie.

Wręczył mandat i dokumenty. Bruno przeczytał na skrawku papieru: „Przekraczanie jezdni w miejscu niedozwolonym. Pięćdziesiąt złotych”.

– Jak byś się kłócił, dostałbyś tyle, ile ci się należy. Jedź.

Policjant uśmiechnął się i mrugnął porozumiewawczo.

– Dziękuję, do widzenia.

Ruszając, widział jeszcze, jak policjant patrzy, a jemu od razu poprawił się humor. Przekręcił głośniej radio. Zaśmiał się do siebie i pędził do biura ostrożniej i przepisowo. Nikt nie zauważył spóźnienia. Rzadko zdarzało się, aby szef przychodził do biura wcześniej.

Włączył radio, komputer i usiadł przed monitorem. Kiedy system się otworzył, dostał dwie wiadomości z ubiegłego dnia. Przeczytał i się uśmiechnął. Dochodziła 9.25. Od prawie pół godziny powinien być w biurze. Ona pewnie już była w swoim – pomyślał, wystukując wiadomość.

8.

Nagle słoneczko się zaświeciło. Beatka natychmiast to dostrzegła i bardzo się ucieszyła.

– Witaj – przeczytała.

Po chwili przesłał jeszcze graficznego kwiatuszka. Zastanowiła się, co napisać. O co zapytać. Wzięła głęboki oddech i w tej samej chwili nadeszła nowa wiadomość.

– Wyobraź sobie, że przed chwilą dostałem mandat i między innymi dlatego się spóźniłem.

– Za co?

– Za próbę wyprzedzania na podwójnej ciągłej.

– Ile zapłaciłeś?

– Pięćdziesiąt złotych.

– Dlaczego tak mało?

– Bo policjant wpisał do mandatu, że przekraczałem jezdnię w niedozwolonym miejscu.

– Dałeś mu w łapę?

– Nie. Nie pyskowałem.

– No to Ci się udało.

– Tak, myślałem, że ten dzień już od rana mnie wykończy.

– Rozumiem. Ale, właśnie… Dlaczego „między innymi"?

Ich wirtualna rozmowa na chwilę zawisła w powietrzu. Pomyślała, że znów Neostrada zaczyna szwankować. Wyprowadziło ją to z równowagi.

– Musiałem wykonać bardzo nieprzyjemny telefon – odpowiedział, wzbudzając jej ciekawość.

– Rozumiem.

Postanowiła nie pytać. Jeśli zechce, sam wszystko powie – podjęła postanowienie.

– Byłeś wczoraj w pracy? – zapytała, taktycznie zmieniając temat.

– Byłem w domu.

– Co robiłeś?

– Przeprowadzałem się.

– Zmieniasz mieszkanie?

– Tak.

– A gdzie wcześniej mieszkałeś, tzn. gdzie było twoje stare mieszkanie?

– Na Chabrach.

– A nowe?

– Na Wyspie.

– No to chyba fajnie, nie? Czy nie? – zapytała niepewnie.

– Fajnie. Na pewno fajnie. Podoba mi się.

– To cieszę się bardzo, Brunonku – odparła, myśląc, że dlatego nie było go cały dzień w pracy i nie odpowiadał na wiadomości.

– Czekaj, na chwilę muszę przerwać, bo Arek idzie.

– OK – odpowiedziała szybko.

Po kilkunastu minutach znów się odezwał:

– Poszedł.

– To dobrze.

– Nie lubisz Arka? – zapytał ją wreszcie o coś.

– Nie, skądże znowu… Wprost przeciwnie. Bardzo go lubię. Spotykamy się czasem. Jest moim bardzo dobrym kolegą. Nawet prosił mnie kiedyś o rękę!

– O co?

– Chciał, abym została jego żoną ;-)

– A… I nie zgodziłaś się?

– Zgodziłam.

– Co?

– Żartowałam, głuptasie… Pewnie, że nie!

– O ty niedobra… :-) Więc mój szef jest twoim kolegą. Fajnie!

– Czemu?

– Bo w razie czego będziesz mnie bronić.

– Masz to jak w banku.

– Super. Dzięki – odpowiedział z emotikonem czerwonego jabłuszka.

– Sprytny jesteś.

– Tak? A skąd ta myśl?

– Wykorzystujesz mnie!

– Ja? Skądże...

– Wykorzystujesz, zanim jeszcze mnie zobaczyłeś! Niezły z ciebie żigolak.

– Dopiero mogę Cię wykorzystać.

– A jak? Chciałabym wiedzieć...

– Porozmawiamy, jak wydoroślejesz, Kwiatuszku :-)

– Mógłbyś mi przesłać swoje zdjęcie?

– Chcesz wiedzieć, jak wyglądam? – zapytał zdziwiony.

– Tak, chciałabym... W internecie go nie opublikuję, nie bój się! Prześlę Ci moje, jeśli chcesz. Zanim się spotkamy, będziemy już wiedzieć, jak wyglądamy.

– Skąd wiesz, że się ze sobą kiedyś spotkamy? – zapytał zirytowany jej pewnością siebie.

– To oczywiste. Przecież pracujemy w firmach, które współpracują ze sobą. Muszę powiedzieć Arkowi, że powinien nas poznać ze sobą, abyśmy wydajniej pracowali :-)

– Koniecznie. – Rozbawiła go tym pomysłem. – Nie jestem tylko pewien, czy mu się ten pomysł spodoba w odniesieniu do jego propozycji matrymonialnych.

– Coś wymyślę.

– Dobrze. Niech tak będzie. Ale dzisiaj nie mam zdjęcia. Mogę je mieć dopiero jutro.

– Poczekam – odparła.

Po czym niespodziewanie przesłała kolorowe zdjęcie, z trzema siedzącymi obok siebie przy drinkach dziewczynami. Jedna z nich pokazywała na palcach liczbę dziewięć.

– Tak szybko?

– Niezupełnie – odpowiedziała. – Ciągle nie wiesz, która z nich to ja, prawda?

Przyjrzał się fotografii bliżej i stwierdził, że jedna z dziewczyn, szatynka siedząca z lewej, zdecydowanie mu nie się podoba. Pomiędzy dziewczynami siedziała drobna blondyneczka z rozpuszczonymi włosami i to ona pokazywała dziewięć palców. Nie lubił blondynek. Właściwie nigdy nie podobał mu się ten typ i nigdy też z żadną z nich nie był związany. Poza dziewczyną, z którą się pierwszy raz w życiu całowal. Ale było to bardzo dawno temu.

Najbardziej podobała mu się brunetka z czarnymi jak kruk, krótkimi włosami, z pięknym uśmiechem pełnych i soczystych warg.

– Prawda – odpowiedział po chwili, stukając palcami w klawiaturę.

– I co?

– Z czym?

– Z dziewczynami na zdjęciu, oczywiście.

– Oczywiście… :-) – odpowiedział. – Niektóre są fajne.

– Niektóre, powiadasz?

– Tak.

– A które?

– Hm… Trudne pytanie, nie wiem, co odpowiedzieć, Moja Droga.

Co za sformułowanie – pomyślała. Zżerała ją ciekawość. Postanowiła zapytać inaczej:

– Brunonku, powiedz: wolisz blondynki czy brunetki?

– Nie lubię blondynek – odparł zgodnie z prawdą bez chwili namysłu.

Wszedł szybko w ustawienia programu, do listy kontaktów. „Beatka (Mała) 22 Opole" – przeczytał – i dalej pseudonim wpisany przez szefa: „Blondi". Niech to szlag! Czasem mógłbym się zastanowić – przeszło mu przez myśl.

Tego dnia szybko zakończyli rozmowę. Musieli przecież pracować. Było mu trochę głupio, że strzelił taką gafę. Pod koniec dnia jeszcze porozmawiali trochę. Opowiedział o tym, jaką skończył szkołę i jak będzie urządzał nowe mieszkanie. Przyznała, że nie idzie jej pisanie pracy magisterskiej. Obiecał jej pomóc. Przesłał kilka adresów stron, na których znalazła odpowiednie materiały.

Wychodząc, myślał o całym dniu. O Nieznajomej, która nie była już tak enigmatyczna jak wcześniej, bo wiedział, jak wygląda – myśli cisnęły się do jego głowy. Zastanawiał się, które zdjęcie przesłać.

Wracając z pracy, zadzwonił do chińskiego baru i zamówił ryż z kurczakiem oraz pieczarkami na wynos. Po kilkunastu minutach odebrał jedzenie i wrócił do domu. Usiadł wzdłuż parapetu, wziął plastikowy widelec i jadł, patrząc za okno. Widział korony lip przed domem, a w oddali park przy Odrze. Na horyzoncie unosił się dym z szerokich kominów elektrowni. Kim ona jest? – myślał.

Po posiłku wyjął z metalowego pudełeczka po cynamonie dwa woreczki foliowe. Skręcił papierosa z tytoniu wymieszanego z marihuaną. Usiadł znów na parapecie, otworzył okno i odkorkował butelkę bułgarskiego wina. Zbliżała się noc. Ptaki kończyły miłosne zawodzenie, a on siedział w pustym mieszkaniu i wsłuchiwał się w ich trele. Nie zauważył nawet, że na poddaszu zapadł zmrok. Patrzył na zachodzące purpurowym talerzem słońce. W ustach czuł słodkawy smak wina. Podniósł skręta do ust. W błysku zapalniczki ukazały się łzy sunące w dół policzków pod osłoną narkotyku, alkoholu i samotności.

9.

Malwina odebrała telefon i po nietrwającej nawet minutę rozmowie odłożyła słuchawkę. Dzwonił Adam. Ubrała się szybko i wyszła. Przemykała wąskimi chodnikami pomiędzy spieszącymi się w wiosennym pośpiechu przechodniami. Po rozstaniu z Brunonem miała mnóstwo spraw do załatwienia. Spiesząc się na spotkanie z Adamem, myślała o byłym, jak oficjalnie ochrzcił Brunona jej nowy facet. Miała wyrzuty sumienia. Było jej z nim dobrze przez bardzo długo. Kochała go. Kochała najprawdziwszą miłością. Tą pierwszą i prawdziwą. Tak wiele ich ze sobą łączyło. Ale kiedy pojawił się Adam, nagle wszystko się zmieniło.

Dawał jej to, czego nie miała przy Brunonie. Choć co to było, nie potrafiła powiedzieć. Albo dawał jej wszystko to samo plus coś, czego nie miał Brunon. Zawsze bała się, że to Bruno pierwszy odejdzie, bo przecież tacy są mężczyźni. Że pozna jakąś dziewczynę, która uwiedzie go nowością, tymczasem stało się inaczej. Zupełnie inaczej.

Pracowała z Adamem w szkole, w której uczyła. Na początku wydawał się jej dziwny. Ale nie robiło to na niej wrażenia, bo jak mówił Brunon, w kraju, gdzie wszyscy jeżdżą pod prąd, ludzie muszą być dziwni. Był szczupły. O wiele szczuplejszy od atletycznej budowy Brunona. Wyższy, a jego ciemna skóra, czarne prawie jak węgiel włosy i spojrzenie ciemnobrązowych oczu zawsze przywodziły jej na myśl Heathcliffa z *Wichrowych Wzgórz*.

Kochała tę powieść. Uwielbiała zimny, wietrzny klimat angielskich wrzosowisk. Tego wieczoru, dwa tygodnie po przyjeździe do Polski, po raz pierwszy usłyszała historię Adama i dotknęli się spojrzeniami. Ciepłego październikowego wieczoru spotkali się wraz z innymi nauczycielami z International English School from Opole. Siedzieli i pili piwo.

– Mamy dzisiaj *staff meeting* w Dragonie.

– No i co w związku z tym?

Bruno nie oderwał wzroku od swojej pracy magisterskiej. Nie chciał z nią iść. Twierdził, że czuje się obco w tym towarzystwie.

– Chciałabym pójść. Wszyscy tam będą.

– Wszyscy? Kim są wszyscy?

– No wiesz... Agatka, Kasia... Nowi Anglicy.

Oderwał wzrok od ekranu. Obrócił się na fotelu i wstał. Podszedł i objął ją.

– Uhm, wszyscy, nowi Anglicy?

– No, chodź, będzie fajnie, podszkolisz angielski.

– Mam rozmawiać z tymi dziwkami bez szkół?

Parsknęła śmiechem. Niemal prosto w twarz. Miał trochę racji, określając tak dziewczyny z wysp, albo jeszcze trafniej – ze Stanów. Wystarczył im tylko trzytygodniowy kurs, aby mogły uczyć u nas angielskiego. Jedyną ich kwalifikacją było nawet nie pochodzenie, ale znajomość angielskiego wynikająca z zamieszkiwania w państwie, w którym jest on językiem oficjalnym. Emma pochodziła z Indii i z zawodu była pielęgniarką. Jeff był hydraulikiem, ale za to jednocześnie najczystszej krwi, o ile to możliwe, Anglikiem. Kate, choć mówiła tak niewyraźnie, że prawie nikt jej nie rozumiał, a do tego nie wymawiała głoski „a" i proste *I came from Manchester* brzmiało w jej ustach: *I come from Monchester*, to jednak była wartościowa dla dyrektorki właśnie ze względu na swoje angielskie pochodzenie.

Bruno miał więc rację. Wiedziała to.

– Jak chcesz, odwiozę cię. Potem zadzwoń, to przyjadę po ciebie.

– Co tutaj będziesz sam robił? – zapytała głupio.

Doskonale wiedziała, że będzie pisał pracę magisterską. Była już połowa października, a dotąd napisał niewiele.

– Popiszę trochę.

– Chciałabym, żebyś czasem wybrał się tam ze mną.

– Obiecuję, że pójdę, ale nie dziś, dobrze?

Tego wieczoru poszła więc sama. Nie był to pierwszy taki wieczór. Czasem wychodzili razem, zdecydowanie częściej jednak wychodziła sama. Bruno obdarzył ją bezgranicznym zaufaniem.

– Nie boisz się, że cię zdradzam podczas moich wypraw na te wieczorne spotkania z Agatką? – zapytała kiedyś.

– Nie – odpowiedział bez namysłu. – A zdradzasz?

– No przecież wiadomo, że nie. Ale skąd to wiesz?

– Bo jesteś moim najlepszym przyjacielem. Dopiero potem dziewczyną i kochanką. Przyjaciele nie zdradzają. Zdradzają kochanki, żony i narzeczone. No i ja nie zdradzam ciebie, więc patrzę przez swój pryzmat.

– Ciekawe – odpowiedziała z uśmiechem. – Ja, gdybym była na twoim miejscu, nie ufałabym tak.

– Przecież to działa w dwie strony. – Zaśmiał się.

– Ale ty nie wychodzisz tak często jak ja.

– Mam troszkę inne potrzeby.

To prawda. Kilka spraw ich różniło. Jedną z nich był stosunek do zabawy. Bruno, owszem, był towarzyski, ale tylko wśród bliskich przyjaciół. Spotykali się głównie w mieszkaniach któregoś z nich albo w ich kawalerce. Lubiła jego przyjaciół, natomiast on trzymał się raczej daleko od jej znajomych. Nigdy nie aspirował do tego, by bliżej ich poznać, ale nie było pomiędzy nimi na tym tle żadnych konfliktów. Zostawiał jej wolną rękę, więc wychodziła, kiedy chciała, i wracała, kiedy miała ochotę. Spotykała się z koleżankami w pubach, kawiarniach i dyskotekach. Z nim byłoby inaczej, więc polubiła te babskie wieczory. Spotkanie z Adamem pierwszy raz poza szkołą było dla niej jednym z takich właśnie wolnych spotkań.

Na początku zachowywali się jak na herbatce u Królowej, ale po kilku warkach strong zaczęły się krzyki i gestykulacja w oparach papierosowego dymu. Adam siedział milczący naprzeciwko. Patrzył. Dziwnie się czuła. Cały czas przywodził jej na myśl bohatera *Wichrowych Wzgórz*. Po dłuższym czasie zapytała:

– Dlaczego tu przyjechałeś?

– A dlaczego nie?

Uśmiechnęła się. Pomyślała, że jest bardzo przystojny. Niepokojąco przystojny.

– Piękna jesteś, wiesz?

Zrobiło jej się nieswojo, choć skłamałaby, gdyby powiedziała, że nie połechtał jej ten bezpośredni komplement.

– Wszyscy jesteście tacy?

– Jacy? – Odpowiedź była niemal do przewidzenia.

– Tacy bezpośredni. Na wyspach tak jest?

– Nie byłaś nigdy u nas?

Zawstydziła się. Była jedyną nauczycielką w ich szkole, która nie wybrała się nigdy do Wielkiej Brytanii. To było jej marzenie, niespełnione jak dotąd. Chciała tam pojechać z Brunonem. Bardzo, ale jakoś oboje nie mieli na wyjazd pieniędzy, czasu i nie było to chyba tak ważne dla nich obojga, aby spełnić jej wielkie marzenie.

– Nie, nie byłam – przyznała. – Choć bardzo bym chciała.

Spuściła wzrok, sięgając po drinka, i nim pociągnęła gin wymieszany z tonikiem, usłyszała:

– Tylko ci, którzy mają w swoich żyłach polską krew.

– Nie rozumiem.

Adam popatrzył w jej oczy i po raz pierwszy odczytała jego wzrok. Kobiety potrafią to doskonale. Wiedziała, że patrzy na niego tak samo jak on na nią.

– To bardzo proste. Chcesz wiedzieć? – zapytał, uśmiechając się tajemniczo.

– Jasne!

– W czasie wojny Polacy uciekali na Wyspy, prawda?

– Tak.

– Mój dziadek urodził się tutaj, w wiosce pod Nowym Sączem. Nazywała się Jasienna.

Nazwę miejscowości wypowiedział po polsku, co zaimponowało Malwinie. Oczywiście do prawidłowej wymowy wiele brakowało, ale i tak zabrzmiało całkiem nieźle jak na wyspiarza – pomyślała.

– We wrześniu 1939 roku – mówił – był pilotem w 142. eskadrze myśliwskiej i w ciągu pierwszego tygodnia wojny strącił cztery niemieckie samoloty. Ale potem musiał z wszystkimi uciekać do Francji.

– Uczyłam się o tym na historii – wtrąciła się. – Byłeś chyba dobry z historii, co?

– Nie uczyli nas o tym. Znam to z opowiadań. Was uczą o wiele więcej. Tego, co wiedzą wasi licealiści, u nas uczą dopiero na studiach.

– Przepraszam, przerwałam, opowiadaj. To chyba ciekawa historia – rzekła, po czym przypomniała sobie określenie Brunona: „dziwki bez szkół". Uśmiechnęła się.

– Z Francji dziadek trafił na Wyspy i wcielili go do polskiego Dywizjonu 306. Tam udało mu się zestrzelić jeszcze trzy samoloty, po czym sam został zestrzelony. Wyskoczył na spadochronie nad kanałem, do morza. Udało się go uratować i trafił do szpitala z zapaleniem płuc. Moja babcia była pielęgniarką. Zakochali się w sobie bez pamięci. Mieli niewiele ponad dwadzieścia lat. Urodziła syna, mojego ojca, i stąd polska krew w moich żyłach.

– Ciekawa historia, naprawdę – powiedziała, wciąż nie mogąc oderwać wzroku od ciemnego spojrzenia.

– Nigdy nie byłem w Polsce, więc kiedy trafiła się okazja, postanowiłem przyjechać.

– Cieszę się, że to zrobiłeś – powiedziała.

Złapała się na tym, że nie powinna była tego mówić, i niemal ugryzła się w język. Adam już otwierał usta, by powiedzieć pewnie coś bezczelnego, ale szybko przerwała:

– Niezwykła historia.

– Wiesz, chyba nie, babcia opowiadała, że wielu ludzi tak się wtedy poznało. Opowiadała o dziadku i Polsce. Wszystko, co wiem o tym kraju, usłyszałem właśnie od niej.

– Była tutaj?

– Nie. Polskę znała tylko z jego opowieści. Bardzo się cieszyła, kiedy powiedziałem, że tutaj przyjadę.

– Dlaczego?

– Jest już stara i schorowana. Za stara i zbyt chora, aby przyjechać do Polski, choć chciała poznać ten kraj. Mam wrócić do Anglii i wszystko jej opowiedzieć. Mam też odszukać grób dziadka. Nie wiem, jak to zrobić, ale spróbuję.

– Grób? – zapytała, by po chwili zdać sobie sprawę, że jej dziadkowie też już od kilku lat nie żyją. Zapytała więc szybko: – Co się stało z twoim dziadkiem?

– Wrócił jeszcze do samolotu pod koniec wojny w 1945 roku. Kiedy urodził się ojciec, wciąż był pilotem. Został trafiony w ramię i lądował awaryjnie gdzieś w Niemczech, w amerykańskiej strefie okupacyjnej. Był bardzo mocno poparzony i ranny, ale przeżył. Do babci wrócił kilka miesięcy po zakończeniu wojny. Wzięli ślub, bo w czasie wojny nie chcieli tego zrobić. Opowiadała, że dziadek nie chciał, by została wdową.

– Wojna jest straszna!

Malwinę fascynowała ta historia. Nie wiedziała, czy słucha z powodu tego, o czym opowiada, czy tego, jak opowiada.

– Mów dalej – poprosiła.

Wziął duży haust piwa i zaciągnął się papierosem.

– Tyle, na tym historia właściwie się kończy.

– Jak to?

– Kiedy ojciec miał dwa lata, dziadek postanowił wrócić do Polski, by odwiedzić rodzinę i swój kraj. Nie miał żadnych wieści. Zostawił tutaj dwie siostry, ojca i matkę. Chciał wiedzieć chociaż, czy ktoś z nich przeżył wojnę. Na listy z Anglii nikt nie odpowiadał. Pod koniec 1947 roku pojechał do Polski i nigdy już nie wrócił.

– Jak to? – powtórzyła.

– Cała rodzina nie mogła w to uwierzyć. Pojechał i zniknął jak kamień w wodę. Nie było listu ani nawet strzępka wiadomości. Dopiero po kilku latach dowiedzieli się, że wszystkich polskich żołnierzy, którzy byli w czasie wojny w Anglii i potem wrócili do Polski, wasz Secret Service uznał za szpiegów i wtrącił do więzienia.

– Secret Service to u was. Tutaj to było co innego.

– Tak, mówiła, ale nie pamiętam nazwy. Ten wasz język jest taki trudny. – Na te słowa dziewczyna uśmiechnęła się szeroko. – To było chyba SU.

– SU? – Zastanowiła się chwilę. – Urząd Bezpieczeństwa to będzie UB, nie SU, Adamie. W Polsce wszyscy znają ten skrót.

– *Sure, exactly* – odpowiedział, uśmiechając się przepraszająco. – Może zapamiętam.

– Mieliście jeszcze jakieś wieści o dziadku?

– Tak – odpowiedział. – Babcia wyszła ponownie za mąż, ojciec już jako dorosły dowiedział się o wszystkim od przyjaciół dziadka, którzy nie wyjechali. W 1952 roku, jeszcze przed śmiercią wujaszka Joe, dziadek umarł na gruźlicę w jakimś więzieniu na Śląsku.

– Kim był wujaszek Joe, Adamie? – zapytała Malwina z niekłamanym zainteresowaniem.

– Nie wiesz?

– Nie wiem!

– U nas każdy wie, kim jest Wujaszek Joe, tak samo jak u was SU, to znaczy UB.

Oboje się zaśmiali.

– Więc? – Dziewczyna była ciekawa.

– To Stalin.

– Nie wiedziałam! Naprawdę!

Patrzyła i czuła się, jakby była metalem, a on magnesem. Czuła przyciąganie, pragnęła rozmawiać i spędzać z nim czas. Zafascynowała ją ta historia, a jeszcze bardziej to, jak ją opowiedział. Doznała wszechogarniającego poczucia, że chciałaby zobaczyć Anglię.

– Adamie, opowiesz mi kiedyś coś jeszcze? Jakąś historię?

– Oczywiście, jeśli tylko zechcesz.

– Nie martw się, zechcę na pewno – odparła, spoglądając na resztę towarzystwa.

Zauważyła wymowne spojrzenie Agatki, które krzyczało:

– No pięknie, Malwek, pięknie, nie poznaję cię!

Skierowała znów wzrok na Adama wpatrzonego w bawiących się ludzi. Popijał piwo. Po chwili spojrzał z uśmiechem na dziewczynę.

Spędzili ze sobą tego wieczoru jeszcze dużo czasu, a rozmowa wymykała się w stronę najróżniejszych tematów. Powiedziała mu, że chciałaby pojechać do Anglii. Obiecał, że zabierze ją do Londynu w zamian za pomoc w odszukaniu mogiły dziadka. Zgodziła się chętnie. Świetnie się bawili, a czas płynął niespostrzeżenie dla obojga.

Kiedy zerknęła ukradkiem na zegarek, uświadomiła sobie, że jest późno. Przeprosiła Adama i napisała SMS-a do Brunona. Po chwili otrzymała odpowiedź: „Zaraz przyjadę".

Adam patrzył, kiedy pisała i odczytywała SMS-a. Nie do końca umiała znieść ten wzrok.

– Co się stało, Malwina? – zapytał, pierwszy raz wypowiadając jej imię, po angielsku przeciągając drugą głoskę w typowy anglosaski sposób.

– Muszę za chwilę wracać.

– Naprawdę?

– Niestety.

– Dlaczego?

– Jutro uczę od rana, od bardzo wczesnego rana.

– Rozumiem.

Patrząc na drzwi, dopił piwo i po chwili, unikając jej wzroku, zapytał:

– Może cię odprowadzę do domu? Jest późno i chyba niebezpiecznie wracać samemu.

– Dziękuję, Adamie. Jesteś bardzo miły, ale…

– …*but*… – podchwycił i przeciągnął, patrząc na nią.

– Przyjedzie po mnie mój chłopak.

– Ach tak – odparł.

Dostrzegła morze zawodu rozlewające się do najdalszych zakątków spojrzenia.

– Szkoda! – odparł, po czym uśmiechnął się kwaśno.

– Zapalmy jeszcze po papierosie. Poczęstujesz mnie, prawda? – zapytała grzecznie, widząc, że spochmurniał, co zresztą tylko ją rozbawiło.

– Jasne, proszę bardzo!

Staff meeting osiągało apogeum, widać było, że większość doskonale się bawi. Prowadzono ożywione dyskusje, przyprawione piwem, którego smak i procenty mile zaskoczyły wyspiarzy.

Kiedy pojawił się Brunon, Adam obrzucił go ciekawym spojrzeniem. Podchodząc do stolika, Brunon podał mu rękę i ściskając dłoń, przedstawił się po polsku:

– Cześć. Jestem Bruno. Miło cię poznać.

– To jest Adam – odpowiedziała szybko Malwina. – Adam jest z Anglii, kotku.

Brytyjczyk patrzył na parę, nie rozumiejąc, co Bruno powiedział, zrażony tym dziwnym sposobem witania się mężczyzn w Polsce, do którego nie mógł przywyknąć.

– Aaa, w takim razie przepraszam. Mam na imię Bruno. Miło cię poznać, Adamie. Jak się masz? – Tym razem przemówił do Anglika w jego ojczystym języku, co Adam przyjął ze sporą ulgą.

– Jak się masz? – odpowiedział. – Mnie również miło cię poznać.

– A niech go szlag z takim angielskim! – zwrócił się po polsku do Malwiny i poszedł przywitać się z pozostałymi, którzy akurat znajdowali się w pobliżu.

Adam wskazał na Brunona, pytając:

– Co on powiedział?

Przetłumaczyła, zastanawiając się chwilę, jak odszukać odpowiednik angielskiego „a niech go szlag". Kiedy wreszcie znalazła właści-

we słowa, Adam skrzywił się i z powściągliwością, którą poznała dopiero po jakimś czasie i która jej tak zaimponowała, odparł:
– To nie było zbyt miłe!
Rozśmieszył ją. Dla niej jego angielski był czasem trudny do zrozumienia, ale jako pasjonatka języka i nauczycielka nie miała najmniejszych problemów ze zrozumieniem. Bruno znał ten język jedynie na poziomie podstawowym, dlatego jego reakcja była uzasadniona.
Tak poznała Adama. Teraz wchodziła na schody w kamienicy, w której mieszkał. Zapukała. Pocałował ją na powitanie. Wymienili kilka zdawkowych zdań i wyszli na ulicę. Mijała godzina ósma trzydzieści, a więc dla nauczycieli takiej jak ich, prywatnej szkoły językowej było wcześnie rano. Szli w milczeniu, mijając przechodniów. Dzień zapowiadał się piękny, pachnący wiosną i była pewna, że dziś będzie bardzo gorąco. Od tamtego wieczoru, kiedy opowiedział jej o sobie i dziadku, rozpoczął się ich romans. Wtedy jeszcze o tym nie wiedziała. Nie wiedział też Adam. Wiedziała tylko Agatka.
– Malwina, co ty robisz? – zapytała zaraz po tym.
– O co pytasz?
– Przecież wiesz! Oszukiwać możesz Brunona, ale nie mnie.
Agatka lubiła jej chłopaka, choć Bruno nie darzył Agaty szczególną sympatią. Dziewczyna wiedziała o tym, mimo to nigdy powiedziała na niego złego słowa. Malwinę od zawsze to zastanawiało.
– Słyszysz mnie?
– Nie wiem, Agata, jestem zagubiona.
– Słuchaj, mała. Powiem ci coś, co ma tę dodatkową zaletę, że jest najprawdziwszą prawdą. Bruno jest dla ciebie stworzony. Ten Anglik cię zauroczył, wiem to. I wiem, że będziecie mieć romans, ale powiem ci to tylko raz. Jeden raz i nigdy więcej tego nie usłyszysz. To, co zrobisz, będzie złe, popełnisz błąd i będziesz płakać przez niego. Zobaczysz.
– Nie wtrącaj się – usłyszała.
– Jesteś jak osioł. Tak samo głupia i tak samo uparta.
Pokłóciły się. Malwina zaczęła się coraz częściej wymykać do Adama pod pretekstem spotkań raz z Agatką, raz z Kasią. Potem wracała i przytulała się, czasem nawet się kochali, ale ciągle w jej głowie był Adam. Stale o nim myślała.
Dzisiaj było inaczej. Nie była już z Brunonem. W pamięci miała nieprzyjemną rozmowę z nim. Gdy powiedziała o niej Adamowi, odrzekł:
– Nie przejmuj się. Niech się frajer pieprzy!

Nie mogła zrozumieć, że zupełnie nie zainteresowało go, co ona czuje. Byli ze sobą już od kilkunastu tygodni. A oficjalnie od trzech. Wcześniej przez prawie trzy miesiące potajemnie spotykała się z nim, ale wciąż była z Brunonem, okłamując go. Postanowiła odejść w tydzień po pierwszej nocy z Adamem. Teraz nie mogła zrozumieć, że to powiedział.

Spojrzała na niego i pierwszy raz dostrzegła, że jest zupełnie inny niż Bruno. Że czasem go nie rozumie. Przestraszyła się.

– Nie mów tak.

– Czemu? – zapytał zdziwiony.

– Bruno to dobry człowiek.

– Bardzo możliwe – przyznał – ale dla mnie jest frajerem.

– Nie jest – zaprotestowała.

Do oczu napłynęły jej łzy. Napływały zawsze, kiedy targały nią silne emocje. Nie potrafiła ich powstrzymać. Nie był to płacz.

Nagle uświadomiła sobie, że człowiek, od którego odeszła, zrobił dla niej tak wiele dobrego jak nikt inny poza jej rodzicami. Wiedziała, że nigdy jej nie skrzywdził. Rozstała się z nim, bo nie potrafiła już dłużej go okłamywać, a Adam tak ją fascynował, że wybrała właśnie jego.

– Jest, mała, jest. Robiliśmy go przez prawie trzy miesiące w konia, przyprawiając mu rogi tak wielkie, że ledwo zmieściłby je w drzwiach do Saint Paul's Cathedral. A on, frajer, niczego nie podejrzewał.

– Adam!

– Czego?

– Nie mów tak. Tak nie wolno!

Rozpłakała się. Chciała, by ktoś ją przytulił i pogłaskał po głowie. Zerwanie z Brunonem i nowy związek, teraz obdarty z pociągającej skorupki zakazanego owocu, zszargał jej nerwy. Spojrzała na Adama, czekając, że zrobi to, co zrobiłby właśnie Bruno. Tymczasem Adam patrzył przed siebie, wodząc wzrokiem za przechodzącą przez ulicę dziewczyną.

– Nie becz!

Poczuła, że nie widzi w nim chłopaka, który jej tak na początku zaimponował, który ją uwiódł i zauroczył.

10.

Beatka weszła do biura. Natychmiast włączyła komputer. Odkąd pojawił się Bruno, pierwszą czynnością po wejściu do biura nie było, jak wcześniej, zdjęcie kurtki czy płaszczyka, ale zawsze, niemal jak rytuał, naciśnięcie guzika w stacji głównej komputera.

Dzisiaj miała przekonać się, jak też tajemniczy Bruno wygląda. Wreszcie XP wyświetlił pulpit ze wszystkimi ikonami. Słoneczko GG zaświeciło i natychmiast pojawiła się nowa wiadomość. Uśmiechnęła się do swoich myśli.

Zrobiła kawę. Włączyła czajnik, wsypała troszkę więcej niż pół łyżeczki granulatu i odczekała, aż woda się zagotuje. Jej ciało przeszywały dreszcze emocji. Pozwalała tej chwili trwać i napawała się nią. Zalała kawę mlekiem z kartonu i włączyła radio. Z głośników popłynęły nuty jakiejś melodii. Usiadła naprzeciw monitora i kliknęła na żółtą chmurkę. Wyświetliła się wiadomość, a w niej kwiatuszek, jeden z gadu-gadowych emotków. Miała już wziąć łyka, kiedy przyszła kolejna.

– Witaj, Beatko.

– Witaj, Brunonku – odpowiedziała natychmiast.

– Nadal chcesz wiedzieć, jak wyglądam?

– Tak, chciałabym.

– Dobrze.

Kolejna wiadomość zwolniła działanie Windowsa. A więc przesyłał zdjęcie. Podniosła do ust kubek z kawą i wzięła łyk. Kawa smakowała dziś wyjątkowo dobrze. Przymknęła na chwilę oczy. Na twarzy poczuła ciepłe promienie wiosennego słońca. Z radia popłynęły pierwsze nuty jej ulubionej artystki. Otworzyła oczy i zobaczyła czarno-białe zdjęcie mężczyzny w podkoszulku. Miał krótkie włosy, patrzył wprost na nią i doskonale widziała jego oczy. Był w nich smutek. Nie wiedziała czemu, ale wszystko na tym zdjęciu było smutne. Bruno się nie uśmiechał. Pod zdjęciem po chwili pojawiła się wiadomość.

– Oto ja!

– No, no, zaskoczyłeś mnie – napisała zgodnie z prawdą.

– Jak to „zaskoczyłem"? Nie rozumiem i żądam wyjaśnień!

– Jesteś przystojnym mężczyzną. Miałam nadzieję, że nie będziesz przystojny – skłamała.

Bardzo chciała, aby był przystojny. Liczyła na to. Bała się nawet, że okaże się facetem, który jej się kompletnie nie spodoba. Ale przecież nie mogła się do tego przyznać.

– Miło, że tak piszesz, ale doskonale wiem, jak wyglądam.

– Nie bądź taki skromny.

– Daleko mi do Brada Pitta.

– :-)

– Zresztą facet nie musi być ładny. Wystarczy, że jest mądry ;-)

Rozbawił ją. Patrzyła w oczy ze zdjęcia jak zahipnotyzowana. Im dłużej na nie spoglądała, tym smutniejsze się jej wydawały.

– No, nie powiem. Mądry jesteś, owszem, a do tego jaki skromny ;-)

– Tak – odpowiedział z uśmiechem.

– Dobrze, Mój Drogi – rozpoczęła z innej beczki. – Teraz chyba przyszła kolej na mnie. Nie ukrywam, że facet na zdjęciu, które podesłałeś, jest atrakcyjny i mi się podoba.

W istocie nie do końca przypadł jej do gustu. Okazał się zupełnie zwykły. Nie brakowało mu niczego, jednak nie zwróciłaby na niego uwagi na ulicy, dyskotece czy w pubie.

Teraz przyszła kolej na nią i czuła lekki niepokój. Bruno nie wiedział, jak wygląda. Wprawdzie doskonale zdawała sobie sprawę, że jest atrakcyjną kobietą, i nie spotkała się dotąd z mężczyzną, który potrafiłby oprzeć się jej wdziękom, ale któż wie, czy ten patrzący smutno mężczyzna nie jest właśnie tym pierwszym? Tym bardziej że nie lubił blondynek.

– Chcesz wiedzieć, jak wyglądam?

– Hm, jak to powiedzieć… – zaczął, zbijając ją zupełnie z tropu.

– Jak to? Albo chcesz, albo nie, nie rozumiem.

– Pytanie jest zadane nieprawidłowo, Moja Droga.

– Nadal nie rozumiem.

– Powinnaś zapytać raczej: czy mi się podobasz?

– Brunonku! Nic nie rozumiem!

– Przepraszam, że powiedziałem, że nie lubię blondynek.

– Co?

– Powinienem był powiedzieć, że bardziej podobają mi się brunetki.

– Skąd wiesz, że…

– Nie pytaj, to nieistotne – uciął. – Jesteś bardzo, bardzo ładna.

– Dziękuję.

– Lubisz dziewiątkę?

Zastanowiła się chwilkę. A, na zdjęciu pokazuje „dziewięć" na palcach.

– Tak, to jedna z moich ulubionych liczb.

– Jedna z ulubionych?

– Tak.

– A jakie jeszcze lubisz?

– Skoro dziewiątka, to i szóstka oczywiście.

– Oczywiście? Zależy dla kogo. Dla mnie nie jest to takie oczywiste.

– Bo popatrz, Bruno – wyjaśniała. – Szóstka jest podobna do dziewiątki, prawda?

– Racja – uśmiechnął się. – Są rzeczywiście bardzo podobne, wszystko zależy od punktu widzenia.

– Zgadza się, Bruno.

– Niech zatem zgadnę: czy 69, Moja Droga, jest Twoją ulubioną?

– Tak.

– Wiedziałem!

– Bruno…

– Tak?

– Ale ja nie mówiłam o liczbie :-)

11.

Spotkał się z nią. Otworzyli drzwi do ich wspólnego jeszcze do niedawna mieszkania. Malwina nie była tutaj od kilku dni. Zobaczyła puste ściany i swoje rzeczy.

– Wywiozłeś już wszystko?

– Tak.

Poczuła teraz wszystko tak bardzo jak nigdy.

– Załatwmy to jak najszybciej – rzekł i zaczął przenosić pozostałe pakunki do samochodu.

Z oczu popłynęły jej łzy. Przytulił ją czule i pocałował w czoło.

– Nie płacz – szepnął.

Pomogła mu znosić jej sprzęty. Czuła, że jest suką. Oszukiwała go przez cały czas, kiedy spotykała się z Adamem, i oszukuje go nadal. Prosiła, aby przewiózł to, co miała, do mieszkania Agatki, bo przecież nie mogła przewieźć do Adama, u którego teraz mieszkała. Kiedy pakowali to, co pozostało, zobaczyła pudełko ze zdjęciami. Uświadomiła sobie, że oddzielił wszystkie fotografie, na których z nim była, od pozostałych.

– Weź wszystkie, nie chcę ich.

– Ja też ich nie chcę – odparła, choć w duszy cierpiała i z każdą chwilą miała coraz większe wątpliwości.

– Mamy je wyrzucić?

– Nie, nie wyrzucajmy ich. Wezmę je.

Nie wiedziała, dlaczego chciała je wziąć. Zapisał na setkach sztuk papieru fotograficznego ich związek. Fotografia była jego pasją. Robił im zdjęcia przy każdej okazji. Zapisał na zawsze tyle chwil, tyle miejsc i uczuć, które teraz nie były już dla niego istotne.

Pół godziny później przeprowadzka była już historią. Usiadła z nim na ławce przed domem, w którym spędzili tyle miesięcy, i patrzyli na budynek w milczeniu.

– Poczęstujesz mnie papierosem?

– Jasne, proszę – odparła.

Zapalili i w milczeniu zaciągali się dymem. Po chwili zaczął:

– Wiesz, kiedy byliśmy jeszcze razem, zawsze prosiłem, abyś była ze mną szczera, pamiętasz?

– Pamiętam.

– Teraz jest ten moment.

– Nie umiem ci powiedzieć dlaczego. – Wiedziała, do czego zmierza. – Nie potrafię.

– A on?

– Adam?

– Tak, Adam. Jesteście razem?

Nie chciała go ranić jeszcze bardziej. Nie wiedziała, że kłamstwo zrani mocniej.

– Nie.

– Nie?

Zdziwił się, spoglądając jej w oczy. Uciekła za łzy.

– Nie. Spotykałam się z nim przez jakiś czas po tym, jak odeszłam, ale nie jesteśmy już razem. – Kłamała jak z nut.

– Uhm, a wcześniej?

– Kiedy byliśmy jeszcze razem, tak?

– Tak.

– Już ci mówiłam, Brunonku.

– Nie nazywaj mnie tak, proszę.

– Nie, nie spotykałam się z nim. – Kłamstwo z zadziwiającą łatwością przeszło jej przez gardło. Bruno słuchał w milczeniu.

– Wiesz – odezwał się po chwili – chciałbym, abyś wiedziała, że byłaś moim przyjacielem. Pewnie dlatego teraz tak bardzo boli. Tak cholernie boli.

– Bruno...

– Pozwól dokończyć. – W jego tonie była stanowczość.

– Dobrze, mów.

– Wiem, że mnie okłamywałaś i okłamujesz teraz.

Otworzyła szeroko mokre od łez oczy i usta, aby znaleźć słowa, które go przekonają, ale nim wydusiła z siebie cokolwiek, mówił dalej:

– Popełniłem wiele błędów w naszym związku, wiem to. Zbyt wiele.

– Oboje je popełniliśmy, ja też.

– Tak, masz rację. – Wyrzucił niedopałek. Wstał i podszedł do samochodu.

– Bruno, ale ja nadal mam cię w sercu. Jesteś najwspanialszym człowiekiem, jakiego kiedykolwiek znałam, i nigdy więcej nikogo takiego nie spotkam.

– Wiesz, zrobiłem ci świństwo – mówił dalej. – Coś, czego nie powinienem. – Patrzyła i nie rozumiała. – I powinienem się wstydzić. Ale nie wstydzę się.

– Robiłeś wszystko dobrze. Bruno, nie odchodź! – Próbowała go zatrzymać, choć nie wiedziała dlaczego.

– Jednym z błędów, które popełniłaś – ciągnął – było pozostawienie starego hasła do skrzynki.

Zatkało ją. Usłyszała, jak trzasnęły drzwi i silnik zaczyna pracować. Jej głowę przeleciała jak pocisk jedna tylko myśl. E-maile od Adama!

– Bruno!

Opuścił szybę, popatrzył szklistym wzrokiem, po czym wyszeptał:

– Bądź z nim szczęśliwa, Malwek.

– Brunonku, ale ja nie… Ja nie jestem z nim.

Ruszył i po chwili znikł. Nie wiedziała, dokąd pojechał. Została sama na pustym podwórku. Ukryła twarz w dłoniach. Szlochała i łkała. Pierwszy raz od tego dnia, kiedy powiedziała „odchodzę", poczuła, że popełniła błąd. Patrzyła na drzwi i z każdą sekundą docierało do niej, że straciła coś w życiu bezpowrotnie. Coś, czego nikt nie mógł jej odebrać. W uszach wciąż brzmiały jego słowa:

– Bądź z nim szczęśliwa, Malwek.

W oddali szła kobieta, trzymając kilkuletnią dziewczynkę za rękę. Ta przyglądała się jej. Odwróciła główkę w górę do kobiety i zapytała cienkim głosikiem:

– Mamusiu, czemu ta pani płacze? Czy ona jest smutna?

Malwina poczuła ogromną, wszechogarniającą samotność. Na balkonie jedna ze staruszek, już bardzo stara i przy niezupełnie zdrowych zmysłach, uniosła laskę i pogroziła jej.

12.

Miał dziś bardzo pracowity dzień. Od rana cały czas coś się działo. Beatka odezwała się oczywiście zaraz, kiedy przyszedł do biura.

– Dzień dobry, Brunonku.

– Dzień dobry, Moja Droga – odpowiedział.

Po chwili wysłała emotka ze słoneczkiem wyglądającym wesoło zza chmurki.

– Miłego dnia Ci życzę.

– Dziękuję.

– Masz dziś dużo pracy chyba, prawda? Dziś piątek, u was w piątki jest dużo pracy?

– Tak.

– Nie będę Ci więc przeszkadzała.

– Nie przeszkadzasz. Jeśli nie będę mógł Ci odpowiedzieć, nie odpowiem od razu, układ?

– Tak, Brunonku, układ.

– Cieszę się, że się rozumiemy.

– Mogę Cię o coś spytać?

– Pytaj.

– Masz w biurze radio?

Spojrzał na radioodbiornik i odpowiedział zgodnie z prawdą:

– Mam.

– A jakiej stacji słuchasz w tej chwili?

Odpowiadając, spostrzegł, że zbliża się szef.

– Muszę kończyć, Beti, Arek idzie – odparł.

Arek był starszy tylko o trzy lata i Bruno polubił swojego szefa również dlatego, że byli prawie rówieśnikami. Wprawdzie czasem był wybuchowy i często zdarzały się pomiędzy nimi nieporozumienia, ale i tak uważał, że jest dobrym szefem.

Kiedy wszedł, widać było, że miał za sobą ciężki wieczór. Lubił miewać ciężkie wieczory albo – precyzyjniej – ciężkie poranki po intensywnych wieczorach. Patrzył z dziwnym uśmiechem. Po chwili niepewności Bruno zapytał:

– Spieprzyłem coś?

– O nie, nie – obruszył się – skądże!

– No to czemu się tak dziwnie uśmiechasz?

– Uśmiecham się? Skąd, nie, tylko tak… – tłumaczył się nieporadnie.

– No powiedz, o co chodzi!

– Słyszałem, że chętnie pomagasz moim koleżankom pisać prace magisterskie.

W pierwszej chwili nie wiedział, co odpowiedzieć. Zaśmiał się, kiedy przypomniał sobie, że wysyłał Beatce linki do stron, na których mogłaby znaleźć informacje przydatne do swojej pracy dyplomowej.

– A… o to chodzi.

– A tak, o to, o to.

– Tak, wysłałem jej parę stron, niech dziewczę się nie martwi.

– Aha. – Arek mrugnął porozumiewawczo.

– Co?

– Nic, nic. Ja tylko tak, wiesz, pytałem.

– A skąd o tym wiesz? Przeglądałeś archiwum?

– Nie, nie przeglądałem. A to można sprawdzać?

Arek miał doskonały zmysł do interesów, jednak na komputerach znał się słabo. Bruno pokazał, jak można sprawdzić historię rozmów, i zanotował w pamięci, że od tej chwili musi zawsze kasować całe archiwum po rozmowie z Beatką. Wprawdzie nie pisali o niczym, co byłoby niestosowne, czy o czymś, co mogłoby jemu lub jej zaszkodzić, ale wiadomo, że strzeżonego... i tak dalej.

– A wy się znacie? – Arek drążył temat.

– Nie widziałem jej nigdy.

– Uhm. Dziwne.

– Czemu dziwne?

– Bo opowiadała o tobie, jakbyście się w piaskownicy wychowali.

– Tak, to rzeczywiście dziwne. Chociaż z drugiej strony wirtualną znajomość mierzy się zupełnie innymi jednostkami czasu.

– No to jak się poznaliście? Mówże! – Arek się niecierpliwił.

– Napisała do mnie, jak byłeś w... – przerwał, gdy przypomniał sobie, że ich pierwsza rozmowa jest zapisana. Odnalazł ją i pokazał. Arek przeczytał i z uśmiechem na ustach kontynuował:

– Brunek, a wiesz, że Beatka to bardzo fajna dziewczyna?

– No, mam nadzieję – zażartował. – A skąd wiesz, że się poznaliśmy?

– Zadzwoniła do mnie wczoraj. Wiesz, znamy się dość dobrze. – Znów mrugnął. – Chociaż nie aż tak dobrze jak wy. I wypytywała się o ciebie. Byłem zaskoczony. Mówiła, jaki to jesteś miły i że jej pomagałeś. I takie tam.

– Takie tam?

– No.

Pracował u Arka dopiero kilka tygodni, więc nie znali się jeszcze zbyt dobrze. Ich stosunki można było określić jako przyjazne. Mimo że jeden był podwładnym, a drugi szefem, mogli rozmawiać swobodnie. Często zdarzało się, że dyskutowali na tematy niezwiązane z pracą, jak rówieśnicy.

Tego dnia pracowali jeszcze kilka godzin, po czym Arek wsiadł w mercedesa i pojechał nie wiadomo gdzie i nie wiadomo po co. Szefowie mają swoje prawa. Na godzinę przed zakończeniem dnia pracy Bruno mógł spokojnie porozmawiać z Beatką.

13.

W Pożegnaniu z Afryką panował półmrok. Wnętrze pachniało paloną kawą. Wystrój lokalu zdominowały drewniano-wiklinowe meble i stare, nieużywane od lat sprzęty do parzenia aromatycznego napoju.

Malwina siedziała przy stoliku opodal okna i piła cappuccino. Była jedyną klientką w kawiarence składającej się z dwóch niewielkich, lecz pięknie oświetlonych naturalnym światłem pomieszczeń. Spojrzała na panią za barem i uśmiechnęły się uprzejmie do siebie. Po chwili dziewczyna serwująca kawę w najróżniejszych konfiguracjach

włączyła muzykę. Z głośników cichutko popłynął głos Anity Lipnic-
kiej.

Tak, czasem słowa pasują do sytuacji – Malwina pomyślała. Pisała
list do Brunona. Na stoliku miała pióro i kartkę, w połowie już zapi-
saną. Popatrzyła przez okno na ulicę i ogrzewała twarz w ciepłych
promieniach. Ludzie chodzili w jedną i drugą stronę. Szli samotni lub
w grupie, szybko, z aktówką pod pachą, albo spokojnie, jakby od nie-
chcenia.

Chciała, aby między nią a Brunonem wszystko się wyklarowało,
niezależnie od jej związku z Adamem. Nie chciała oszukiwać, nie
chciała też ranić. A wykonanie tego jednocześnie nie było sprawą
prostą. Nagle metr od szyby mignęła na sekundę znajoma twarz. To
on. Bruno. Przeszedł i nie zauważył jej. Był już obcy. I nie sam.

Chwilę potem kobieta zza sprzętu do parzenia kawy spojrzała na
dziewczynę przy oknie z niekłamanym zdziwieniem. Malwina płakała z głową ukrytą w dłoniach, przed drobnymi kawałkami papieru.
Łzy roztrzaskiwały się o blat z niedopitą kawą, a Lipnicka ciepłym
głosem w duecie z Porterem w głośnikach twierdzili, że nawet jeśli
jedno z nich upadnie, drugie je podniesie.

Nigdy cię nie słuchałam – myślała przez łzy. – Nigdy, choć zawsze miałeś rację. I przyznawałam ci ją dopiero, kiedy stało się, jak
powiedziałeś. Pamiętam, jak mówiłeś, że musimy być zawsze razem,
a szczególnie kiedy jedno z nas ogarną wątpliwości i przyjdą trudne
chwile. Przygotowałeś mnie, aby walczyć o naszą miłość, by zwycię-
żyć trudności, a ja znów cię nie posłuchałam.

Bruno, ja znam cię najlepiej. Jestem twoim przyjacielem, mimo że
między nami może nie ma już miłości – myślała. Nigdy nikogo nie
kochałam i nie będę kochała bardziej niż ciebie. Jesteś najwspanialszym człowiekiem, jakiego znam. Nigdy nie pozwolę, aby ktokolwiek cię skrzywdził.

14.

Kiedy odpowiedział, jakiej stacji słuchał, podeszła do radioodbiorni-
ka i nastawiła falę na identyczną. Milczał przez kilka godzin. Około
czwartej po południu odezwał się wreszcie:

– Jestem już wolny.

– Jak to mam rozumieć?

– :-) Jak chcesz, ale chciałem powiedzieć, że skończyłem pracować.

– Rozumiem ;-)

– Co będziesz dziś robił? – zapytała, mając nadzieję, że zapropo-
nuje, aby się wreszcie spotkali. Oczywiście nie zgodziłaby się, bo na

to jeszcze zbyt wcześnie, ale miło byłoby przeczytać takie zaproszenie i odrzucić je.

– Nic. Pójdę szybko spać. Wczoraj miałem bardzo ciężki dzień. Dziś był pracowity, a jutro będzie jeszcze gorzej.

– Tak, tak, pamiętam, musisz pracować w soboty.

– Ale za to mam poniedziałki wolne, co niezmiernie mnie cieszy.

– Dlaczego miałeś wczoraj ciężki dzień?

Zapadła cisza. Nie odpisywał. Zaniepokoiła się troszkę, bo czuła, że nie odpisuje z jakiegoś powodu. Albo nie chce, albo nie wie, co napisać.

– Przepraszam, jeśli zapytałam o coś, o co pytać nie powinnam. – Postanowiła zagrać wariatkę, choć czuła, że jest coś nie tak.

– Nie o to chodzi.

– Więc?

– Nie chcę o tym mówić.

Szlag ją trafił. Co ma oznaczać, że nie chce z nią o czymś mówić?! Wszyscy mężczyźni chcą z nią rozmawiać o wszystkim, a on nie?! Co to ma znaczyć? Nie po to się nim zainteresowała, aby miał przed nią tajemnice.

Pociągał ją tym jeszcze bardziej. Nagle usłyszała w radio piosenkę, którą bardzo lubiła.

– Brunonku, lubisz ten utwór?

– Jaki utwór?

– Ten, który puścili teraz w radio.

– Tak, lubię go bardzo – odparł i przez chwilę milczał. – Zaimponowałaś mi, wiesz? Nie wychwyciłem tego wcześniej. Sprytna jesteś.

– Na ekranie pojawiła się następna wiadomość.

– No widzisz, czasem potrafię mile zaskoczyć.

– Potrafisz!

– Brunonku, czy ten wczorajszy dzień, taki ciężki dla Ciebie, miał związek z Twoimi smutnymi oczami ze zdjęcia?

Postanowiła, że musi go złamać. Złamać jego milczenie. Po kilkudziesięciu sekundach odpowiedział, posyłając emotka, wskazującego smutek.

– Tak – dodał.

– Dziękuję, że odpowiedziałeś.

Nie napisał tego dnia nic więcej. Mimo to była zadowolona, bo uchylił jej rąbka tajemnicy. Owszem, chciała więcej i choć dostała tylko namiastkę, wystarczyło. Wiedziała, że nie ma z nią najmniejszych szans, jak każdy mężczyzna. Jednak nie jak każdy, będzie z nią walczył. Czuła to. Więc zapowiadało się pasjonujące starcie.

15.

Wrócił do mieszkania i ugotował obiad. Wcześniej zrobił zakupy. Kupił młode ziemniaki, pierś kurczęcia i koper. Przyrządził kotlety, ziemniaki z koperkiem i mizerię. Najadł się i zabrał do dalszego urządzania mieszkania. Wciąż większość rzeczy leżała spakowana w pudłach i foliowych torbach.

Wypakował książki i je poukładał. To zajęło najwięcej czasu, bo miał ich sporo. Większość z nich wiązała się z jego zainteresowaniami, ale miał też poezję Baczyńskiego czy prozę. Kiedy wyjmował niektóre z nich, do jego głowy cisnęły się wspomnienia. Wziął *Lolitę* Vladimira Nabokova i otworzył stronę tytułową. Przeczytał głośno dedykację: „Mojemu najcenniejszemu skarbowi, Malwina. Opole, 22 lipca 2003 roku".

Odłożył na półkę i wziął inną. „Mojemu najjaśniejszemu słońcu, w dniu urodzin. Malwina. Opole, 19 lutego 2002 roku".

Po kolei układał jedną za drugą. Obok siebie. Kiedy chwycił ostatnią, otworzył ją i przeczytał: „Brunonkowi, żeby zawsze miał pasje".

Kiedy odkładał książkę na półkę, spomiędzy jej stron wysypały się zapisane drobnym pismem listy. Zebrał je wszystkie. Usiadł przy piecu, skręcił skręta i zapalił. Potem zaciągnąwszy się kilka razy, odpalił pożółkły papier od żaru. Spalił wszystkie, parząc przy tym boleśnie palce.

Porozkładał w mieszkaniu podstawki z kolorowego szkła i rozpalił kilka zapachowych świec. Zgasił światło i miał zamiar się wykąpać. Wcześniej postanowił spalić jeszcze jednego papierosa z marihuaną. Usiadł na parapecie i zaciągając się, palił głęboko. Słodkawy zapach tytoniu, narkotyku i topiącego się wosku wypełnił wnętrze cichego poddasza. Poczuł się jak u siebie. Poczuł, że odnalazł nowe miejsce, azyl. To go uspokajało psychicznie i odprężało.

Kiedy skończył, patrząc przed otwarte okno, zdecydował, że przed snem przejdzie się po pogrążonym w ciemnościach mieście. Założył dżinsy i czarną skórzaną marynarkę. Skrył dłonie w kieszeniach i ruszył w miasto. Przeszedł kilkaset metrów i trafił na rynek. Szedł, oglądając kolorowe wystawy księgarń, kiedy zza rogu wyszła trzymająca się za rękę para. Dostrzegł ich na dwie sekundy wcześniej, nim oni jego. Adam i Malwina szli i uśmiechali się do siebie. Zobaczyła go pierwsza i jej uśmiech zgasł jak zdmuchnięta świeca. W chwilę potem dostrzegł go również Adam. Byli od siebie tylko kilka kroków i szli dokładnie naprzeciw. Anglik puścił rękę Malwiny jak piskorz, jakby go nagle oparzyła. Bruno poczuł, że teraz ma okazję. Jeszcze trzy kroki i będzie na tyle blisko, by jednym uderzeniem powalić Anglika na trotuar jak kłodę drewna, dając upust wściekłości i rozczarowaniu. Zacisnął pięści w kieszeniach, po czym spojrzał na bladą Malwinę. Nie zwolnił kroku ani nie przyśpieszył, rozluźnił tylko dłonie i minął ich, patrząc obojętnie przed siebie.

Wracając, po drodze kupił w nocnym paczkę papierosów i mocne piwo w puszce. Otworzył i zapalił. Na niebie wisiał księżyc w pełni, identyczny jak wtedy, gdy sierpniową nocą spacerowali wśród pachnących skoszonym sianem łąk na wsi u jego rodziców w górach. To było tak dawno temu – myślał – jakby w zupełnie innym wieku, a jednocześnie tak niedawno, jakby wczoraj. W oczach Brunona odbijał się blask księżyca, ale przybrały one szary, beznamiętny wyraz. Czaiło się w nich jeszcze coś, co przestraszyłoby każdego, kto napotkałby go wtedy.

Leżąc już w łóżku, usłyszał cichy dzwonek telefonu oznajmiający wiadomość. Od Malwiny. W niej: „Przepraszam". Skasował natychmiast i przytulił się do poduszki. Ostatnią myślą tego wieczoru była wizja zmiany numeru.

16.

Malwina, wracając do domu, zrobiła zakupy. Ciągle myślała o wczorajszym zdarzeniu. Spotkanie Brunona na mieście, choć oczywiście możliwe, było mało prawdopodobne. A mimo to natknęli się na siebie. Tak bardzo żałowała, że ich zobaczył, i jednocześnie tak strasznie zaskoczyła ją reakcja Adama, kiedy puścił jej rękę. Nie spodziewała się tego. Sądziła raczej, że chwyci ją mocniej, aby dodać jej otuchy. Nie mogła tego pojąć. Jak mógł tak postąpić!

Jednocześnie rozmyślała nad zachowaniem eks. Kiedy go zobaczyła, pomyślała, że rzuci się z pięściami na Adama. Tymczasem zachował się zupełnie inaczej. Był obojętny. Tak bardzo obojętny, że aż bolało. O wiele mocniej niż uderzenie w twarz. Bardziej niż policzek, który kilka minut później otrzymała od Adama.

Nigdy wcześniej jej nie uderzył, choć przecież wielokrotnie się kłócili i wściekał się na nią. Zrzucała to wszystko na karb chorobliwej zazdrości, która na początku ich romansu tak bardzo jej imponowała i łechtała kobiecą próżność. Zazdrości, której tak brakowało jej w pełnym zaufaniu Brunona.

Nagle zobaczyła stojącą na przystanku Agatkę. Nie odzywały się do siebie już kilka dni, odkąd się pokłóciły.

– Cześć.

– Cześć – odpowiedziała chłodno Agatka.

– Słuchaj, Agata, przepraszam.

Zrobiło jej się głupio, jednak powiedziała to bez ociągania się, jakby opowiadała o staniku z fiszbinami. Agatka spojrzała zupełnie innym wzrokiem, zaskoczona, zmieszana i chyba zła na siebie, że była tak wściekła na koleżankę. Odparła:

– Daj spokój, było, minęło, przecież wiesz...

Wymawiając ostatni wyraz, dostrzegła mocny makijaż na policzku Malwiny. Zbyt mocny jak na nią – pomyślała.

– Ty... Czekaj, czekaj, co to? Co masz na policzku? – zaczęła się dopytywać.

– Nic.

– Jak to nic? – Agatka patrzyła uważnie. Dostrzegła uciekający wzrok przyjaciółki. – Jak nic? – powtórzyła z naciskiem. – Mów!

W jej tonie wyraźnie brzmiał rozkaz. Malwinie zadrżała warga. Po chwili szepnęła:

– Uderzył mnie.

– Co?

– Też nie mogłam w to uwierzyć.

– Co za skurwiel! – Przyjaciółka nie kryła oburzenia. – Pieprzony Otello!

Nadjechał autobus. Agatka zawahała się chwilę. Miała jeszcze kilka sekund, nim będzie musiała wsiąść.

– Nie mów nikomu.

– No co ty! Zwariowałaś? To, że go zostawiłaś, nie znaczy, że może cię teraz lać. Musimy coś z tym zrobić, wiesz o tym. Patrzcie go, Brunonek! A ja go tak lubiłam.

– To nie on. – Malwina kiwała głową.

– To kto, do kurwy nędzy? – Agatka w mig zrozumiała jej wzrok. – Nie wierzę – odparła po chwili. – Normalnie nie wierzę. Adam?

– Uhm.

– Chodź! Opowiesz mi wszystko z najdrobniejszymi szczegółami.

Potem objęła Malwinę i przytuliła. Ta położyła głowę na jej ramieniu i wybuchła płaczem jak dziecko. Stały na pustym przystanku, jedna szlochała, a drugą targały najgorsze przeczucia.

Tej nocy nie wróciła do Adama. Spała u koleżanki.

17.

Przebudził się przed ósmą. Wstał od razu. Włączył komputer i odtwarzacz plików MP3. Nastawił czajnik, wyjął mleko i wsypał pół łyżeczki rozpuszczalnej kawy. Potem dosypał jeszcze jedną łyżeczkę inki. Oparł nogi na łóżku i położył dłonie na podłodze. Zaczął robić pompki.

Odkąd Malwina odeszła, codziennie ćwiczył. Nie wiedział dlaczego i po co. Odreagowywał i zabijał fizycznym bólem ten znacznie dotkliwszy, wewnętrzny. Zostało mu to chyba z lat, kiedy intensywnie trenował. Zaczął od trzydziestu pompek. Dzisiaj, po prawie sześciu tygodniach, robił przynajmniej sto kilkadziesiąt. Aż do drżenia ramion i zupełnego braku siły. Zawsze przy muzyce.

Mieli kiedyś, kiedy byli jeszcze razem, swoją ulubioną piosenkę. Wykonywał ją zespół rockowy, który pokochała jako nastolatka, i aby zrozumieć, o czym śpiewają, zaczęła się uczyć angielskiego. Teraz przy Radiohead katował ciało, by ulżyć sponiewieranej duszy.

Dopiero po trzydziestu kilku pompkach pojawiał się lekki ból w ramionach, dłoniach i mięśniach brzucha. Kiedy zrobił ich pięćdziesiąt, ból przeszywał już prawie całe ciało, obejmując je jak pajęcza nić. Na skórze pojawiały się kropelki potu. Kiedy kończył ostatnią dziesiątkę z setki, jego mięśnie były u kresu wytrzymałości.

Podniósł się z drewnianej podłogi. Zalał kawę wrzątkiem i wszedł pod zimny prysznic. Odkąd zerwała z nim, schudł aż osiem kilogramów. Jego mięśnie, dotąd skryte za warstwą tłuszczu, który zapuścił podczas pracy przy komputerze po bolesnym końcu kariery sportowej, uwydatniły kształty, a codzienna porcja ćwiczeń siłowych również zrobiła swoje.

Bruno był silnym mężczyzną. Nie był wysoki, ale barczysty. „Zbity w sobie", jak mawiała jego mama. Kobiety zresztą często zwracały na to uwagę. Zawsze chciał być wyższy, szczególnie w technikum, kiedy rozpoczął przygodę ze sportem. Bardzo żałował, że nie jest wyższy o te pięć, dziesięć centymetrów, bo jak mówił Papa, jego trener, mógłby być niezwyciężony, prawie jak Cassius Clay, którego teraz czasem ogląda na plakacie w ulubionym pubie. Zawsze jednak brakowało mu czegoś, aby mieć złoto. Zdobywał brąz i srebro, czasem był czwarty lub piąty, ale nie dane mu było wygrywać. Pomimo to przeciwnicy się go bali i wiedział o tym. Tym czymś, czego mu brakowało, był zasięg ramion i wzrost. Nie lubił atakować. Na ringu nie miał szans, jeśli przeciwnik był wyższy i udawało mu się utrzymać walkę w pełnym dystansie. Gdy jednak rywal nie umiał walczyć przy linach albo w zwarciu, Bruno oparty o liny albo w narożniku doprowadzał do uderzenia, które zazwyczaj kończyło starcie pomyślnie. Potem, na pierwszym roku studiów, gdy jechał na swoim ukochanym motocyklu, złamał podwójnie kość ramieniową i łokciową, obojczyk, wyłamał bark i staw promieniowo-nadgarstkowy. Przez pół roku był w gipsie i musiał wziąć urlop dziekański oraz zapomnieć o ringu. Ale nie zapomniał o motocyklach. Po ringu została mu sprawność fizyczna, a po wypadku motocyklowym – pasja do tych niezwykłych maszyn. Nadal był sprawny jak wyczynowiec.

Zalał kawową miksturę mlekiem i wypił duszkiem. Umył zęby i spojrzał za okno. Zanosiło się na piękny, wiosenny i słoneczny dzień.

Zapinając pasek skórzanych spodni, przypomniał sobie śmiech i rumieńce niewiele od niego starszej pielęgniarki, kiedy zapytała zatroskana o „takiego ładnego i młodego chłopca" w szpitalu:

– Co ty widzisz w tym okropnym motorze?

– Ale to nie chodzi o to, co widzę, siostro!

– A o co? Chcesz być dawcą narządów?

– Nie chcę!

– To po co jeździsz na tych motorach?

– Bo lubię mieć coś dużego pomiędzy nogami.

Wsiadł teraz do garbusa i pojechał do garażu, gdzie trzymał swoje cacko. Koledzy, ci nieliczni, którzy nie rozumieli motocyklowej pasji, pytali, dlaczego jeździ tym gruchotem, i mówili:

– Sprzedaj motor i kup sobie porządną furę.

Wtedy niezmiennie odpowiadał:

– Mam już furę, wystarczy, że jedzie i nie pada na mnie deszcz, bo prawdziwa jazda zaczyna się dopiero na dwóch kółkach.

Wyprowadził czarno-żółtą yamachę XJR 1200, która miała niemal tak duży silnik jak jego garbus. Błyszczała chromem, polerowanym aluminium i przypominała, szczególnie starszym panom, angielskie motocykle z ich młodości. Ale tylko kiedy stał, bo gdy ruszył, dźwięk silnika maszyny powodował drżenie serc każdego przechodnia. Dla każdego zaś, kto kochał motocykle, brzmiał jak najpiękniejsza muzyka.

Motocykl kupił za odszkodowanie 25% uszczerbku na zdrowiu i zakochał się w dźwięku, jaki wydawała z siebie maszyna. Kiedy zapalał, silnik pracował cichutko jak dobrze naoliwiona maszyna do szycia. Lecz przy lekkim obróceniu manetki gazu przeradzał się w bulgot, który wraz z mknącą w stronę czerwonego pola wskazówką na obrotomierzu przechodził w ryk rozszalałego dzikiego zwierza. O ile tylko chciał. A nie zawsze tak było. Zazwyczaj wolał się upajać spokojną jazdą.

Wstawił volkswagena do garażu i zapiął pas nerkowy. W tej samej chwili zadzwonił telefon.

– Tak, słucham. – Nie znał numeru.

– Cześć, mówi Agata.

– Agata?

– Tak, koleżanka Malwiny.

– Aaa… Agatka, to mówże od razu, że to ty! – Uśmiechnął się.

– No, przecież mówię właśnie.

– Co się stało?

– Chciałam porozmawiać z tobą o Malwinie.

Zdenerwował się. Nie darzył jej zbytnią sympatią i co najwyżej tolerował, bo była jej przyjaciółką. Chce się wtrącać w ich sprawy – pomyślał. Postanowił utrzeć jej nosa.

– Słuchaj, to, co było między…

– Nie o to chodzi, Bruno – ucięła. – Proszę, pozwól mi tylko coś powiedzieć. Myślę, że właśnie ty powinieneś wiedzieć o tym. Malwina nie wie, że do ciebie dzwonię.

– Skąd masz mój numer?

– Z jej telefonu.

– Uhm. To wiesz co… – Zamierzał wypalić solidną wiązankę.

– Uderzył ją.

– Co? – Bruno myślał, że się przesłyszał.

– Uderzył ją.

Zatkało go. Nie wiedział, co powiedzieć. Nie musiał pytać, o kogo chodzi. Krew się w nim zagotowała, a nadnercza chlusnęły w krwiobieg wiadro adrenaliny.

– Wczoraj mi wszystko opowiedziała.

– Dzięki, że zadzwoniłaś. Nie mów jej, że wiem.

– Nie powiem. Nie martw się.

– Cześć.

Był wściekły. Jego ciałem i umysłem targały przeróżne emocje.

– Kurwa mać! – wrzasnął głośno.

Obejrzał się. Szczęście, że przy garażach nikogo nie było i nikt go nie słyszał. W głowie odezwały się wspomnienia tej, którą wciąż kochał, tej, której za nic w świecie nie pozwoli skrzywdzić. Nawet teraz, kiedy już nie jest z nią i po tym jak go skrzywdziła, miękko mu się zrobiło w brzuchu na samą myśl, że coś złego mogłoby ją spotkać. A teraz ten gad jeszcze ją tknął.

– Zabiję go – rzekł pod nosem, uspokoiwszy się nieco.

Założył kask, zapiął pasek pod szyją. Ścisnął mocniej pas na kurtce i założył rękawiczki. Nacisnął przycisk rozrusznika. Silnik po chwili zabulgotał miarowo. Pozwolił, aby popracował minutę, i ruszył wolno pomiędzy garażami. Wyjechał na ulicę, ale zamiast skręcić w prawo, w drogę do pracy, zjechał na lewo i ruszył w zupełnie inną stronę. Postanowił przejechać Ozimską, pod jej szkołę. Postanowił spróbować. Może uda się zrealizować pomysł, na który wpadł, kiedy spojrzał na tarczę zegarka – myślał.

Przemykał pomiędzy samochodami czujny jak ryś. Odkąd uderzył w tamten samochód, którego kierowca myślał, że zdąży, stał się na motocyklu zupełnie innym kierowcą. Wiedział, że opatrzność dała mu drugą szansę.

Była 8.30. Na drodze o tej porze w większości poruszały się kobiety, spiesząc się do pracy i zerkając w lusterka głównie po to, by sprawdzić makijaż. Kierowcy autobusów i tirów nie stanowili zagrożenia, oni patrzyli w lusterka, ich się nie obawiał. Przedstawiciele handlowi, chociaż zazwyczaj się spieszą, są dobrymi kierowcami, więc ich też się nie bał. Ale kiedy widział za kierownicą jakiegoś młokosa albo kogoś z długimi włosami, wyprzedzał dopiero, kiedy dostrzegł oczy w lusterku.

Zwolnił, gdy przejeżdżał pod jej szkołę. Nagle go zobaczył. Stał w drzwiach i rozmawiał z jakimś mężczyzną, śmiejąc się. Więc się udało!

Bruno jechał po przeciwległej stronie ulicy. Kiedy się zbliżył do nich na odległość kilkudziesięciu metrów, zwolnił, nacisnął sprzęgło i dodał gwałtownie gazu. Wskazówka obrotomierza podskoczyła gwałtownie do ponad 10 tysięcy, a tłumiki wydały z siebie ryk przywodzący na myśl startujący samolot. Adam i współtowarzysz odwrócili głowy w stronę hałasu zdziwieni i zdegustowani, na co motocyklista puścił kierownicę i wyprostował nogi, stając na podnóżkach. Patrzyli ciekawi, co dalej się stanie, niemal czekając na krew. Tymczasem Bruno wskazał ręką Adama, po czym wykonał gest wskazujący, że poderżnie mu gardło. Następnie usiadł i pomknął, przejeżdżając najbliższe skrzyżowanie na żółtym świetle.

Bruno nie mógł tego widzieć, ale Adam zbladł. Zrozumiał, kto jechał na motocyklu. Wiedział też, dlaczego Bruno pokazał ten gest.

18.

Ból jest najbardziej dotkliwym uczuciem, które targa człowiekiem, kiedy zostaje nagle sam – pisał. Ludzie odchodzą zawsze w ten sam sposób. Znikają z życia i nigdy nie pojawiają się z powrotem. Różnicę stanowi jedynie sposób ich zniknięcia. Kiedy umierają, odchodzą wraz z ciałem, żyjąc już tylko w naszych wspomnieniach albo w innym świecie, w co staramy się wierzyć, by ukoić ból. Jest to śmierć prawdziwa. Czasem jednak ludzie odchodzą za życia. Jest to śmierć pozorna, ponieważ w sensie fizycznym człowiek żyje, ale odchodzi z naszego serca, bo wydarzyło się coś, czego się dopuścił. Jeśli człowiek umiera za życia, ból ma gorzki smak. Moje serce przypomina teraz cykutę wypełnioną po brzegi bólem rozstania. Teraz, Beatko, wiesz już wszystko?

– Tak… Chyba tak.

Nie spodziewała się, że przeczyta coś takiego. Kiedy zapytała go, czy jest ktoś w jego życiu, była po prostu tego ciekawa. Kiedy opowiedział jej o tym, co się stało, musiała wiedzieć, dlaczego do tego doszło. Kiedy wiedziała już wszystko, żałowała, że zapytała. Poczuła, jak bardzo jest mu go żal. Zrozumiała, że wirtualna znajomość przebiega innymi torami niż ta prawdziwa, rzeczywista i, o dziwo, inaczej, niż zakładała.

Od tej rozmowy wiele się zmieniło. Pojęła, że jest między nimi specyficzna więź. Opowiedział o swojej wielkiej miłości tak pięknie, jakby rozkładał zdjęcia albo wyświetlał film. Kiedy opowiadał o Malwinie, mówił tak ciepło, że rozumiała, jak musieli być wyjątkową parą. Kiedy ją opisywał, poczuła zazdrość. Gdy skończył, wiedziała, że ta dziewczyna wyrządziła mu wiele krzywdy. Zdała też sobie sprawę, że Bruno jest wyjątkowym mężczyzną, zwracał bowiem uwagę na drobiazgi, które zwykle umykały mężczyznom, a spotkała ich wielu. Nie był typem, który imponuje kluczykami do samochodu, najnowszym telefonem i butami ze skóry krokodyla, węża czy jakiegokolwiek innego biednego stworzonka.

Postanowiła, że choć ich znajomość wirtualna w pracy jest ekscytująca, dalej tak być nie może. Zdecydowała, że chce go poznać. Rzeczywistego i namacalnego. Przy tym nagle odczuła coś, co ją zaskoczyło. Wcześniej, myśląc o nieuchronnym w końcu spotkaniu, bała się, że Bruno w jakimś wymiarze ją zawiedzie. Zapachem, głosem czy sposobem bycia. To powstrzymywało ją przed spotkaniem przez prawie sześć tygodni wirtualnej znajomości. Teraz już tego nie czuła. Czuła za to, że chce się z nim zobaczyć. Jak najszybciej.

Pojawiła się też po raz pierwszy inna obawa. Co jeśli jemu mój zapach nie będzie odpowiadał? – myślała. Jeśli to ja mu się nie spodobam?

19.

Nie mogła się skupić na wykładzie. Po wizycie w biurze pobiegła na uniwersytet. Wizyta w pracy pozwoliła ominąć poranne ćwiczenia z biochemii, na które i tak nie było sensu iść, ponieważ prowadził je Dziadek. Tak wszyscy go nazywali, pomimo że znała wielu starszych wykładowców, bardziej przypominających dziadków, jednak właśnie do niego przylgnęło to geriatryczne przezwisko niczym drugie nazwisko albo kamizelka, którą stale zakładał. Choć miał dopiero około pięćdziesiątki, był siwy jak Święty Mikołaj. Stałe obcowanie z kwasami, wodorotlenkami, zasadami i całą tablicą Mendelejewa uczyniło zeń dziadka. Wykładał biochemię, choć był chemikiem i wyłącznie chemia leżała w polu jego zainteresowania. Siadał przy biurku i na ćwiczeniach zdarzało się, że student przepisywał rachunek jakiegoś ćwiczenia z tablicy, która wisiała na drugiej stronie, a Dziadek nie zauważał tego lub raczej to ignorował.

Dlatego zrezygnowała z tego durnego wykładu. Poszła na drugi, do profesora Kubickiego, zyskując cenny czas na rozmowę z Brunonem i na przemyślenia. Kubicki był niecodziennym wykładowcą, niezwykłym w całym swym jestestwie. Już sam wygląd zewnętrzny zdradzał niecodzienne przymioty mężczyzny. Niewielki, można by rzec – jak wróbelek, chudziutki, z długą rudawą brodą przypominał studentom Mikołaja, Dziadka Mroza czy Papę Smerfa. Nie jej jednak. Beatce bowiem przywodził na myśl Karola Marksa, Zygmunta Freuda lub Arystotelesa. Choć był niewielki, jego umysł wydawał się potężny jak broń jądrowa. Wielokrotnie zdarzało się, że wykorzystywał ją z takim skutkiem jak Roosevelt w Hiroszimie i Nagasaki. Potrafił doprowadzić pytanego lub raczej rozmówcę do płaczu. Studenci próbowali udawać przed nim mądrzejszych niż w rzeczywistości, co rzecz jasna było niedorzeczne, okazywało się kardynalnym błędem. Zewnętrzną oznaką tego było używanie wykwintnego, wyszukanego słownictwa, z licznymi spójnikami „iż", „ponieważ", „bowiem" itd., które miało rzekomo czynić studencką wypowiedź bardziej elokwentną. Kiedy to wyczuł, a wyczuwał to niemal, zanim zadał pytanie, patrząc przenikliwym wzrokiem w studenckie, pełne strachu oczy, miażdżył natychmiast nieszczęśnika następnym pytaniem. Sprawa zazwyczaj kończyła się dla studenta nokautem.

Z nią było jednak inaczej. Nie bała się go. Lubiła i uważała, że jest najbardziej wartościowym pracownikiem naukowym jej uniwersytetu. Zgłosiła się jako jedyna z grona stu osiemdziesięciu studentów na seminarium magisterskie właśnie do niego i nie żałowała ani chwili, co było zresztą źródłem licznych spekulacji i komentarzy ze strony mniej wyewoluowanych kolegów i koleżanek. Nie udawała przed nim nikogo, kim nie była, i dzięki temu współpraca z Kubickim układała się znakomicie. Zauważył ją kiedyś na wykładzie z filozofii, jeszcze na drugim roku.

– Czym dla pani jest typ idealny? Proszę przedstawić kolegom i koleżankom pojęcie typu idealnego. Proszę powiedzieć, jak pani rozumie... hm... na przykład pojęcie idealnego konia – zapytał.

Sala wybuchła salwą bezmyślnego śmiechu, co ani ją, ani jego zupełnie nie rozśmieszyło. Wzięła głęboki oddech, poprawiła strąk włosów spadający na usta, bezwiednie dotknęła srebrnych oprawek okularów i odpowiedziała spokojnym tonem:

– W moim odczuciu jest to koń, który posiada wszystkie cechy, które czynią z tego konia idealnego.

– Proszę podać przykład.

Patrzył przenikliwym wzrokiem i każdy wiedział, że drugie pytanie jest najczęściej początkiem końca każdego profesorowego rozmówcy.

– Duży...

– A według mnie mały, droga pani.

Zbliżył się, niemal czując krew ofiary, na co odezwała się niespodziewanie:

– Zgadza się.

– Nie rozumiem.

– Mały też może być.

– Hm, może pani to rozwinąć?

Na sali zapanowała cisza. Wszyscy zwrócili się w ich stronę, oczekując szansy na wybuch gromkim śmiechem, obnażającym jej rzekome intelektualne dno.

Była nową twarzą w grupie. Trafiła na drugi rok nie wiadomo skąd. Prawda była taka, że czwarty semestr zaliczyła z pominięciem pierwszego roku, w jednym czasie zaliczając materiał z pierwszego i drugiego semestru, będąc równocześnie studentką drugiego roku z wpisem warunkowym na indywidualnym toku studiów. Ale o tym wiedziała tylko ona, dziekan i kilka innych osób.

– Koń może być mały i duży – mówiła – czarny i biały, szybki i wolny. Wszystko to musi być jednoczesne, innymi słowy, nasz przykładowy koń musi mieć wszystkie cechy, którymi można by go scharakteryzować, aby mógł być idealnym.

– Doskonale – odparł i rozwinął nieco jej myśl, uzupełniając pojęcie typu idealnego o inne przykłady.

Wszyscy patrzyli na nią z niekłamanym podziwem. Później profesor obserwował wpisujących swoje nazwiska na listę obecności. Była 14. Kiedy lista wróciła, zapamiętał jej nazwisko.

Zrobiła wrażenie na nowych kolegach. Po jakimś czasie przyzwyczaili się, że Beatka jest niezwykle błyskotliwa, ma ogromny zmysł analityczny, potrafi kojarzyć na pozór zupełnie przypadkowe fakty. Pod koniec semestru dla wszystkich było jasne, że mają do czynienia z najlepszą studentką na roku. Przy tym każdy co bardziej inteligentny zdawał sobie sprawę, że nie jest najlepszą dzięki pracy, bo zupełnie nie przykładała się do zajęć, ale dzięki wrodzonym umiejętnościom.

Kiedy odkryto, że umie szybko czytać ze zrozumieniem i ma iloraz inteligencji powyżej 160, stwierdzono, że jest zaprzeczeniem kawałów o blondynkach. Stało się to zupełnie przypadkiem na zajęciach z psychologii. Rozpoczynając test, profesor Sadovnikov pozwolił, aby każdy podpisał test wybranym pseudonimem. Potem, kiedy sprawdził testy, wyczytywał wyniki Misiów Uszatków, Dolly Parton czy Freddiego Mercury'ego. Nagle złamał obietnicę.

– Który z panów to Igor Lipiński?

Wśród przeciętnych wyników, mieszczących się w granicach od 105 do 119, nagle pojawił się bowiem test punktowany aż na 160. W sali zapanowała cisza, a studenci patrzyli z zaciekawieniem na siebie, po czym ktoś z sali się odezwał:

– Panie profesorze, chyba nie ma nikogo takiego w naszej grupie, zresztą test miał być anonimowy.

– Tak, masz rację – odpowiedział. – Ale ktoś z was, moi drodzy, osiągnął wynik kwalifikujący do Mensy. I chciałbym widzieć, kto to jest.

Beatka nie musiała się przyznawać. Kiedy sala usłyszała, że ktoś osiągnął taki wynik, padło nieuchronne pytanie:

– Beata? Kto to jest Igor Lipiński?

Dziewczyna zarumieniła się i uśmiechnęła. Dla wszystkich było to tak samo jasne jak to, że jeden plus jeden daje dwa. Najgorsze dla jej kolegów (choć tylko na początku, bo potem wszyscy się przyzwyczaili) było to, że nie przejawiała najmniejszych oznak tego, kim była, będąc normalną, piękną blondynką, jakich pełno widuje się codziennie na ulicach.

Wykład z biochemii przeczytała na początku wykładu Kubickiego, kiedy przygotowywał się do zajęć. Słuchała go z uwagą i nudziły ją kolejne przykłady obrazującą jakąś tezę – były dla niej zbędne, niemniej wiedziała, że są konieczne, aby reszta studentów mogła wykład w pełni zrozumieć.

Jej myśli zaprzątała dzisiejsza rozmowa z Brunonem. Tym, co opowiedział i co dzisiaj wieczorem się stanie. Czuła lekki dreszcz. Tłumaczyła to podnieceniem przed spotkaniem. Z kimś, kogo jeszcze nie widziała, a zna wyłącznie na odległość. Było to dla niej zupełnie nowe, ekscytujące doświadczenie. Postanowiła, że napisze do niego.

– Wiesz, czego najbardziej jestem ciekawa w Tobie? – wystukała na klawiaturze swojej Nokii.

Po chwili w skrzynce odbiorczej pojawiła się odpowiedź:

– Czego? – odpowiedział, tak jak chciała.

Często zdarzało się jej zadawać pytania, na które znała odpowiedź. Bawiło ją to. Tak właśnie miało być i tym razem – pomyślała, wysyłając kolejną wiadomość.

– Tego, jaki masz zapach.

Nie odpowiedział. Troszkę ją tym zaskoczył, powinien był odpisać.

Wykłady dobiegły końca. Skwarek, kolega z grupy, bez większych próśb odwiózł ją do domu. Nie mogła jechać autobusem, byłoby to zbyt czasochłonne. Musi jeszcze ugotować obiad, iść na solarium i przygotować się do dzisiejszego spotkania – myślała. W drodze z uczelni do domu opowiedziała Skwarkowi o Brunonie.

Skwarka poznała jeszcze w liceum. Był jej najlepszym kolegą. Zdawała sobie sprawę, że kocha ją tak bardzo, że mógłby dla niej zrobić wszystko. Gdyby go poprosiła, stałby się w mig Mehmetem Ali Agcą Bis i zabiłby dla niej każdego, łącznie z George'em Bushem, Jennifer Lopez i braćmi Kaczyńskimi. Kochał ją do szaleństwa, co było jej bardzo na rękę. Lubiła go, ale nie pociągał ją w żaden sposób, choć kiedyś, aby mieć go zupełnie na własność, pozwoliła mu się pocałować, dotykać biustu i intymnych miejsc przez spodnie. To zapewniło całkowite oddanie.

Czasem miała niewielkie wyrzuty sumienia, że tak zrobiła i uczyniła go nieszczęśliwym, ale wysoko wyspecjalizowany zmysł utylitarny szybko zagłuszał sumienie. Czerpała z tego profity. Mało ją obchodziło, że ją kochał. Zresztą nie była pewna, czy wszystko, co dla niej robi, czynił dlatego, że darzy ją prawdziwym uczuciem, czy dlatego, że chciałby jak wszyscy się z nią przespać.

Była przyzwyczajona, że mężczyźni przeważnie chcieli iść z nią do łóżka. Nie widziała nic złego w tym, że ci „wszyscy" byli darmowym źródłem drinków, wyjść do kina, restauracji i wszystkiego, czego potrzebowała, a przy tym czasem okazywali się na tyle mili, że zasługiwali na niewielką nagrodę, co jednocześnie mogło być przyjemne lub chociaż zabawne. Skwarek jednak był z nich najważniejszy. Kiedy odwoził ją do domu i opowiedziała o Brunonie, zapytał:

– A nie boisz się, że go skrzywdzisz?

– Słucham?

– Że skrzywdzisz go tak jak innych. Jak mnie na przykład.

– Ciebie? Przecież nigdy cię nie skrzywdziłam!

– Niczego nie rozumiesz. Nie chodzi o to, czy mnie skrzywdziłaś, czy nie, prawda jest tylko jedna. Ze mną sprawa jest jasna – kocham cię i dobrze o tym wiesz. Ale po co ci ten, no, Bruno? Z tego, co opowiadasz, wydaje się w porządku. Po co go krzywdzić?

– Wiesz co, wkurzasz mnie, chyba jesteś po prostu zazdrosny, ale zapewniam, że nie masz najmniejszych powodów do tego.

Spojrzała w bok i dopadło ją uczucie, które ją ogarniało, gdy ktoś ją kokietował. Dojeżdżali do domu. Tymczasem Skwarek nie dawał za wygraną.

– Daj mu spokój.

– O co ci chodzi? – Rozdrażnił ją mocniej.

– Uwiedziesz go tak samo jak mnie, owiniesz wokół palca, a potem zapomnisz.

– O czym ty mówisz?

– Dobra, nieważne.

Wyczuła w jego głosie dziwny ton, jakby miał do niej żal. Wysiadła z auta.

– Na razie i nie myśl o tym za wiele. Bruno to tylko kolega z pracy.

– Uhm...

– Przestań!

– Dobrze. Idź już. Na razie.

Odeszła kilka kroków od samochodu i rzucił:

– Beata!

– No, co jeszcze?

– Uważaj na siebie.

Kochany Skwarek – pomyślała. Nawet kiedy się pokłócą, zawsze chce dla niej najlepiej.

– Nie martw się, nic mi nie zrobi.

– Nie o to chodzi. Uważaj, żebyś to ty nie zrobiła mu krzywdy. Nie wszyscy kochają jak ja – rzucił, ruszając.

Popatrzyła na odjeżdżającą ibizę i poczuła nagle dziwny dreszcz. Wskoczyła szybko na schodki. Przekręcając zamek w drzwiach, poczuła, że brodawki jej sutków są twarde. Były twarde od chwili, kiedy opowiedziała Skwarkowi o Brunonie. Uśmiechnęła się do siebie.

20.

Telefon zawibrował, a na ekranie pojawił się symbol koperty. Odczytał: „Tego, jaki masz zapach". Nie był to zwykły SMS. To flirt. Rozmawiali kiedyś o tym na GG. Co jest ważne, kiedy ludzie się poznają? I są ze sobą? Doszli do wniosku, że najważniejszy jest wygląd, głos i zapach.

Kiedy pisywali do siebie, często ich rozmowy toczyły się wokół spraw bliskich intymności i czasem pojawiał się w tych rozmowach zawoalowany seks, jednak flirt wprost to zupełnie coś innego. Ten SMS był prosty w przekazie. W zestawieniu z wcześniejszym, równie niezwykłym, poczuł niepokój. Wprawdzie wiedział, jak wygląda, i wydawała się bardzo atrakcyjną dziewczyną, ale... Nie był pewien, czy powinien się z nią spotkać. Takie spotkanie może się okazać zupełną klapą.

Ogolił się, wziął gorący prysznic. Potem się ubrał, co pochłonęło najwięcej czasu i energii. Nienawidził tego. Wyszedł z domu i szedł przez miasto w kierunku katedry. Musi się wyciszyć – myślał.

Wszedł do ciemnego wnętrza i usiał na ławce z tyłu, tak aby widzieć niemal całe wnętrze. Postanowił, że chce myśleć o niej teraz, bo to oczyści umysł, ale czuł, że bałagan tylko narasta. Oglądał gotycki wystrój i przerażały go niemal naturalnej wielkości figury świętych i wszystkie te twarze, z których emanowało cierpienie. Nagle dostrzegł przed sobą na ławce tekst modlitwy zapisany na zalaminowanej kartce. Przeczytał pierwsze zdanie: „Miłościwy Panie w niebiosach, Maryjo, Matko Przenajświętsza, i Wszyscy Święci...", po czym znudzony odwrócił papier i dostrzegł coś, co szczerze go zainteresowało. Czytał dalej.

„Odmawiaj tekst tej modlitwy pięć razy dziennie przez siedem dni w tygodniu, po czym napisz na kartce swoje marzenie, przyjdź do Naszej Świątyni i wrzuć te kartkę do urny przed konfesjonałem, a twoje życzenie na pewno zostanie wysłuchane przez Pana naszego. Nie jest znany przypadek, by u gorliwie wierzącego wiernego marzenie nie zostało spełnione".

To chyba jakaś kpina – pomyślał. Przeniósł uwagę na staruszkę, siedzącą kilka ławek przed nim z dziewczynką w wieku sześciu, może siedmiu lat.

– Babciu, co tu jest napisane? – zapytała, wskazując na identyczną kartkę.

Staruszka pochyliła się nad dzieckiem, szepcząc coś, czego nie słyszał, po czym mała rezolutnie odpowiedziała:

– Wątpię!

Rozbawiła go, więc się uśmiechnął. W tej samej chwili surowe i zimne wnętrze kamiennej świątyni zaczęły wypełniać dźwięki niczym płyn szklane naczynie. Lubił dźwięki organów i pamiętał je dobrze jeszcze z dzieciństwa. Wraz z nimi do ciemnego wnętrza, które rozświetlało tylko wpadające przez witraże zachodzące słońce, zaczęli napływać ludzie.

Bruno był ateistą. Owszem, został ochrzczony, zawyżając kościelne statystyki i Kościół uznawał go za katolika, ale nie wierzył w Boga i paradoksalnie od Kościoła odepchnęła go sama ta instytucja. Wiele lat wcześniej dostrzegł w nim świetnie zorganizowaną strukturę opiniotwórczą, wywierającą nacisk na państwo, i nie pochwalał tego. Widział Kościół jako instytucję do zarabiania pieniędzy. To go odrzuciło. Był zbyt inteligentny, by dać się zniewolić. Uważał, że Kościół powinien bronić najbiedniejszych, nie zaś ich wykorzystywać i zajmować się polityką. Nie będąc wierzącym, nie narzucał innym swojego światopoglądu, natomiast czuł, że jemu z każdej strony katolicki światopogląd narzuca telewizja, radio, dzwony w kościołach czy wreszcie głośniki na zewnątrz świątyń, włączone podczas mszy, by cała dzielnica słyszała jej przebieg, niezależnie od tego, czy ktoś ma na to ochotę, czy nie.

Uznawał kościoły jako zabytki architektoniczne i przychodził tam, nie gwałcąc wiary tych, którzy gwałcili jego przekonania. Odwiedzał je, by się wyciszyć, odetchnąć od zgiełku. Ale nigdy nie bywał na mszy, którą traktował jak obrzęd niczym indiańskie tańce przy ogniu.

21.

Szef dłuższą chwilę uważnie mu się przyglądał, po czym uśmiechnął się i bezceremonialnie, prosto i zupełnie szczerze, skwitował widok swojego pracownika na motocyklu:

– Zajebiście!

Po dokładniejszych oględzinach nie mógł oprzeć się pytaniu:

– Mogę się przejechać?

– Jesteś pewien?

Szef ubrany w krótkie spodenki i koszulę w kolorze plażowego piasku, z klapkami na nogach wzbudzał wątpliwości Brunona.

– Ja tylko tutaj, kawałek – odpowiedział.

– Weź chociaż kask.

– Nie potrzebuję.

Bruno machnął obojętnie ręką i poszedł się przebrać do biura. Wielką zaletą jego pracy była jej lokalizacja. Biuro znajdowało się kilkanaście kilometrów od miasta, na wsi, gdzie kontakt z klientami ograniczał się prawie wyłącznie do telefonów. Nie musiał stroić się w krawaty i białe koszule, a mógł wyglądać normalnie, swobodnie i bez udziwnień.

Przebierając się ze skór w spodenki i T-shirt, rozpoczął dzień pracy. Arek po przejażdżce, zafascynowany, podniecony i jednocześnie wystraszony, wydał polecenia na najbliższe godziny. Co chwilę przypominał sobie, o czym miał powiedzieć, by wreszcie wziąć kluczyki od samochodu i stukając się nimi w czoło, zrobić krótki rachunek listy poleceń w głowie:

– To, to, to… Aha, i to.

Po czym wydał jeszcze jedno polecenie, zastanowił się i ruszył, żegnając się krótkim:

– Okej.

– Jedź, jakby co, będę dzwonił – odparł Bruno i został sam z poleceniami.

Dotyczyły one dwóch kategorii. Zadania codzienne, te oczywiste, jak telefony, korespondencja i prowadzenie listy zgłoszeń, niewymagające komentarza, oraz dodatkowe, jak odstawienie samochodu do mechanika, wysłanie e-maila czy wyszukanie jakiejś informacji. I oczywiście organizacja przyjazdów i wyjazdów według wizji szefa i ściśle przestrzeganych poleceń. Pozwalało mu to pracować i jednocześnie oddawać się najczęstszym zajęciom biurowców, czyli nieograniczonemu surfowaniu po Internecie oraz rozmowach z innymi. Około godzin popołudniowych, kiedy światło zaczynało padać na ziemię pod kątem wyostrzającym kontury budynków, zaczynał się ożywiony czas przerwanych pracą kontaktów.

– Bruno, puk, puk!
– Jestem.
– To dobrze. Możesz rozmawiać?
– Tak.
– A chcesz…?
– Betka! Jasne, że tak. Jak nie będę chciał, to po prostu nie będę rozmawiać. I tyle. A teraz chcę.
– To dobrze. Ale wiesz co… Potrafiłbyś tak?
– Jak?
– No… milczeć.
– Nie wiem, chyba tak, a może nie, kto wie?
– Wiesz co, postanowiłam, że zanim się spotkamy, chciałabym Ci powiedzieć, to znaczy napisać…
– Mam się bać?
– Nieee… Chyba nie. Bo bardzo Cię lubię. Wiem, że to dziwne, ale polubiłam Cię od pierwszej chwili, mimo że nie widzieliśmy się nigdy naprawdę i nie znamy się chyba.
– Myślisz, że nie?
– Myślę, że poznamy się lepiej.
– I bez znaczenia, czy się będziemy widywać, czy nie. W końcu siedząc w tych biurach prawie codziennie od 9 do 17, jesteśmy skazani na swoje towarzystwo i tak czy inaczej się poznamy.
– Wiesz, Bruno, masz chyba rację.
– Cieszę się, że się ze mną zgadzasz.
– Muszę Ci się do czegoś przyznać.
– Zamordowałaś kogoś?
– Nie… To o Ciebie chodzi.
– Chcesz mnie zamordować?
– Nie… Chcę poznać Twój głos.
– Mój głos… hm… Nie wiem, co powiedzieć – odpisał po chwili. Zastanowił się. Tymczasem ona wysłała kolejną wiadomość.
– Nie musimy się przy tym widzieć, prawda?
– Wystarczy głos? – upewnił się.
– Tak.
– Na przykład w słuchawce?

– Na przykład.

– To podaj mi swój numer. – Przeszedł do konkretów.

– 513-915-825. To mój. Podasz mi swój?

– Nie wypada teraz odmówić, prawda?

– Prawda.

– 501-127-832.

– Dziękuję. Ale wiesz co, My Darling... – Użyła tego określenia po raz pierwszy, po raz pierwszy niezrozumiały i po raz pierwszy wprowadzając w ich relację kod. Kod tylko dwóch ludzi. – Obiecaj-my sobie, że na razie nie będziemy do siebie dzwonić.

– Ale możemy czasem wysłać SMS-a?

– Tak, Mój Drogi. Ale wiesz co?

– Co?

– Ja nadal chcę poznać Twój głos...

Nim dokończył czytać wiadomość na monitorze, wyrwał go kolej-ny tego dnia telefon. Zanim odebrał, zdążył jeszcze przesłać jej emotka wskazującego, że musi odebrać.

– Trans Expres, słucham.

Uderzyła go chwila ciszy, po czym zobaczył na ekranie wiado-mość:

– Już wiem...

Następnie usłyszał w słuchawce:

– No to teraz już znamy swoje głosy.

– Tak...

– Wiesz – zaczęła – mogłam w każdej chwili zadzwonić do ciebie. Przecież znam numer do twojego biura.

– Tak, masz rację. Myślisz, że ja nie znam numeru do ciebie?

22.

Była jak kot. Kiedy go zawołasz, zwykle nie przyjdzie. Zanotuje, że tego chcesz, ale podejdzie dopiero, kiedy zechce. Była taka sama.

Sobotnie ciepłe, wiosenne przedpołudnie atrakcyjnie zapraszało ciepłymi promieniami słońca, świeżą zielenią liści i trawników. Ulice zapełniły się od przechodniów. Miasto stało się w porannym rytmie rzeką ludzkich głów, płynęło kolorem samochodowych blach.

Wstała późno, a w każdym razie później niż zwykle. Dziś do pracy nie szła, w pracy był Bruno. Ktoś musi pracować, aby mógł nie pra-cować ktoś – pomyślała, uśmiechając się do swoich myśli. Zaparzyła kawę, włączyła radio i zaczęła powolutku pić.

Po chwili stała już przy lustrze i ze zmrużonymi jak u malarza oczami oceniała wygląd. Po pół godzinie zaakceptowała go. Następne dziesięć minut stała w samych tylko stringach i białym staniku, wy-

szukając sukienki. Odpowiedniej sukienki na dzisiejszy dzień. Spojrzała za okno, było ciepło. Ostatni rzut oka na zegarek i w chwilę potem ostateczny wybór. Po kilku minutach wybiegła na ulicę w lekkiej
czerwonej sukience.

Weszła do biura. Poczuła coś jakby smak zakazanego owocu, choć
przecież przychodziła tu już wcześniej w soboty albo późnym wieczorem w tygodniu i nawet przestała się przejmować wymownymi
spojrzeniami nocnych stróżów.

W pomieszczeniu panował zaduch. Otworzyła okno. Poczuła
ożywcze powietrze, na monitorze wyświetlił się pulpit. Nagle uświadomiła sobie, że stwardniały jej sutki. Prawie w to nie wierząc, usiadła przed klawiaturą. Poczekała do pełnego uruchomienia XP i na
połączenie z Internetem. Po chwili szare słoneczka symbolizujące
niedostępnych użytkowników jej komunikatora ożyły. Ją jednak interesowało tylko jedno. Paliło się. Bruno był dostępny.

Odsunęła krzesło od biurka. Bez użycia rąk, samymi tylko stopami
zdjęła buty. Ustawiła zdjęcie Brunona jako tło pulpitu i położyła bose
stopy na biurku. Patrzyła i myślała. Rozłożyła nogi i wsunęła dłoń
w bieliznę.

23.

Sobota była najbardziej znienawidzonym dniem w jego pracy. Głównie dlatego, że było jej najwięcej i częściej niż zwykle wtrącał się
szef. A ta sobota dopiero się zaczęła.

Była dziewiąta. Bruno wiedział, że jego chlebodawca przyjdzie do
biura dopiero po dziesiątej, kiedy się wyśpi i ochłonie po piątkowym
wieczorze. Do tego czasu miał chwilę dla siebie. Chwila będzie trwa-
ła około godziny. Zaskakujące, że ten sam odcinek czasu ma dla
człowieka zwykle różne długości. Godzina w pracy, kiedy nie miał
nic do zrobienia, i godzina, kiedy robił coś konkretnego… albo kiedy
pisała z nim.

Siedział przy komputerze w niewielkim pomieszczeniu, a przez
ogromne okno i otwarte drzwi wpadało ciepłe światło. Wszedł w sieć.
Ściągał pocztę i wracał do oglądania stron, których z różnych powodów nie przeczytał wczoraj do końca. Jednocześnie otworzył wszystkie aplikacje konieczne w biurze. Był przygotowany do natychmia-
stowej pracy jednym ruchem myszki.

– Dlaczego ty zawsze zamykasz te cholerne strony, gdy idę? – De-
nerwował się Arek, przychodząc do biura.

Nie zdawał sobie sprawy, że Bruno przechwytywał wszystkie jego
rozmowy na komunikatorze i cały ruch na stronach wykonany przez
szefa. Tak samo jak on był podglądany, mógł robić to samo – i cza-

sem robił – by wiedzieć o szefie więcej, niż on sam się domyślał. Na szczęście Arek nie wiedział o tym i nigdy nie zapytał o to swojego pracownika, bo wtedy musiałby mu wszystko powiedzieć zgodnie z prawdą.

Nagle czerwone słoneczko GG użytkownika Bet zapaliło się na żółto i pojawił się jednocześnie status o treści: „Miłego dnia".

Spojrzawszy na monitor, odsunął się i myślał. Miało jej nie być, a przyszła. Ponadto zastanawiało go, do kogo adresowany jest ten dopisek. Nie był pewien, ale czuł, że może do niego. Nie miał jednak pewności, było to raczej przypuszczenie. Jego ciche rozmyślania przerwało pojawienie się mrugającej chmurki informującej o nowej wiadomości. Odczytał:

– Witaj, Brunonku... Nie chciałabym Ci przeszkadzać w pracowitym poranku, ale pomyślałam, że ucieszysz się, kiedy zrobię Ci małą niespodziankę i przyjdę w sobotę.

Z uśmiechem na twarzy odpowiedział:

– Nie przeszkadzasz, cieszę się, że się odezwałaś.

– To bardzo miłe. Zaskoczyłaś mnie.

– Tak?

– Tak.

– Przyszłam tutaj specjalnie.

– Myślałem, że wszystkie soboty masz wolne.

– Bo mam wolne, My Darling.

Znów użyła tego sformułowania. Nie było bynajmniej niestosowne, ale było to coś zamaskowanego, zawoalowanego. Jak flirt. W końcu nie każdego nazywa się „moim kochaniem", nawet po angielsku, a tym bardziej w przypadku kilkunastodniowej znajomości na odległość...

– Więc przyszłaś do biura po...?

– ...pozdrowić Cię :-) Mój Drogi. Przyszłam Cię zaczepić i mam tu jeszcze takie swoje malutkie sprawy do załatwienia. – Skłamała, bo w istocie przyszła do biura wyłącznie z jego powodu. – Brunonku, wiesz co...

– Słucham.

– Chciałabym się z Tobą spotkać.

– Kiedy?

– Dziś!

– Mówisz poważnie?

– Jak najbardziej w świecie – odpowiedziała bez chwili wahania.

– Ufff...

– Co, co się stało? Jeśli Cię uraziłam...

– Daj spokój! Chętnie się z Tobą spotkam, tylko...

– Tylko co? Boisz się?

– Tak!

– Ja też, potwornie!

– :-)

– :-)

– Najbardziej, że nie będzie Ci odpowiadała moja zewnętrzna powłoka.

– Zewnętrzna powłoka, powiadasz?

– Tak.

– Na tym zdjęciu z Chorwacji twoja „zewnętrzna powłoka" wyglądała nie najgorzej. – Przypomniała mu fotkę z plaży, którą wcześniej jej wysłał.

– Ale jak się spotkamy?

– Nie wiem jeszcze.

– Szkoda. Miałem nadzieję, że masz jakiś pomysł, bo ja nie mam...

– To wymyśl coś, mój mężczyzno!

Jego miasto było piękne. Niedawno jeszcze mieszkali tu ucywilizowani wcześniej Niemcy i widać to było bardzo często. Na szczęście prawie wyłącznie z korzyścią dla miasta. Opole, pełne zieleni, restauracji i pubów, czasem przypomina mieszkańcom życie sprzed dziesięciu, dwudziestu czy – dla innych –pięćdziesięciu lat. Tak jak piękna kobieta jest bardzo samotna i nikt nie potrafi się do niej zbliżyć, tak Bruno w pierwszej chwili nie potrafił wybrać miejsca spotkania spomiędzy dziesiątków cudnych zakątków.

– Nie mam pojęcia – napisał. – Prawdę mówiąc, jestem trochę zaszokowany nagłym pojawieniem się Ciebie dzisiaj i tą niespodziewaną propozycją i w ciągu kilku sekund nie jestem w stanie określić swojego położenia względem obiektów innych poza monitorem, a co dopiero wybrać godzinę, miejsce i pomysł na spotkanie. A właściwie na randkę z dziewczyną z sieci, której nigdy nie widziałem, a jedynie zdaję sobie sprawę pobieżnie z jej wyglądu oraz z tego, że wręcz doskonale się rozumiemy i podzielić nas może tylko wygląd.

– Podniecające, prawda?

– Może spotkajmy się na Bolko? – zapytał. – Pójdziemy na spacer

– To niedobry pomysł – odpisała.

Bolko jest wyspą utworzoną przez rozlewające się wokół Opola meandry Odry. Zalesiona jest wspaniałym kilkusetletnim parkiem, którego integralną część stanowi niewielki, choć uroczy ogród zoologiczny – pełen zielonych liści, drewna i łąk oświetlonych gorącymi promieniami słońca. Utkany w misternym układzie dużych stawów, sadzawek, rzeczek i strużyn. Z drewnianymi ławkami do dumania o miłości, przemijaniu, dzieciach i życiu. Miejsce oazy pośród codziennego zgiełku miasta.

– Dlaczego nie?

– Bo kończysz późno. Zanim przyjedziesz i będziesz gotów, minie sporo czasu. A i ja muszę zrobić obiad, posprzątać i takie tam... Lepiej będzie, jak spotkamy się wieczorem – wyliczała.

– Masz rację – przyznał po chwili.

– Spotkamy się gdzieś na mieście.

– Może na Rynku?

– Tak, doskonały pomysł. A dokładnie obok, w Katedrze...

– Co? W katedrze?

Kościół pod wezwaniem Podwyższenia Świętego Krzyża, powstały na miejscu romańskiej bazyliki, która znikła w mrokach historii, pozostawiwszy podobno relikwie Świętego Krzyża. Budowla nie wyróżniała się niczym szczególnym poza dwiema równoległymi 70-metrowymi dzwonnicami. Jednak to, co zawsze pociągało w tym miejscu, skryte znajdowało się wewnątrz. Były to ponad stuletnie trzydziestoczterogłosowe organy Schlag & Söhne. Bruno kochał ten instrument całym sercem. Uwielbiał przychodzić tam, skryć się pod chórem i słuchać dźwięków wydawanych przez nie. Czasem zdarzało się, że ktoś grał po mszy, wtedy mógł rozkoszować się najpiękniejszym koncertem świata.

– A co? Boisz się wody święconej czy masz aż tyle grzeszków na sumieniu?

Uśmiechał się. Po chwili namysłu uznał, że to oryginalne i całkiem dobre miejsce na spotkanie. Nikogo przecież w ten sposób nie urazi.

– Byleby tylko akurat nie było mszy – ciągnęła dalej.

– Tak ;-)

– Ale wiesz co... Ja będę jeszcze dziś tam blisko, więc sprawdzę i napisze Ci SMS-a kiedy, dobrze?

– Tak. A co potem?

– Zobaczysz – odpowiedziała zaczepnie.

– Brzmi interesująco, Moja Droga.

– Musimy się spotkać dziś, koniecznie!

– Musimy? Skąd ta nagła potrzeba?

– Znamy się już od tygodni.

– Dokładnie od niespełna sześciu – wtrącił.

– Właśnie! A wciąż się nie widzieliśmy. Już pragnę tego spotkania.

Nagle zauważył, że po schodach wchodzi Arek.

– Muszę kończyć, Bee! Arek idzie!

– Dobrze.

Szef wszedł do biura i usiadł naprzeciw. Przywitał się, smakując poranną kawę.

– Cześć, informatyk!

– Cześć.

Zdziwiła go forma, jaką się przywitał. Wiedział, że trzyma coś w zanadrzu. Pełna inwigilacja pozwoliła poznać jego zwyczaje i psychikę.

– Nie zdziwiło cię, czemu „informatyk"?

– Zdziwiło, owszem.

Uśmiechnął się, odpowiadając, ale czekał, aż sam to wyjaśni. Wiedział, że Arek nie wytrzyma.

– No to czemu nie zapytałeś?

– Bo sam mi powiesz!

Nagle szef wzrokiem wskazał monitor. Bruno spojrzał na ekran i zobaczył migoczącą wiadomość w pasku zadań.

– Ktoś pisze.

– Eee, to od Beatki. – Bruno starał się wybrnąć.

– Zobaczmy, co pisze. Czy pisze tylko do ciebie?

– Nie, skąd! Ale zobaczmy. – Bruno przytaknął. Przeczuwał, że zachowanie Arka jest z nią związane.

– Pozdrów Arka ode mnie, Brunonku – przeczytał Bruno i odetchnął.

– Masz pozdrowienia.

– Tak? – Arek wstał i oparłszy dłonie na blacie, przysunął się do monitora. – Dziwne.

Po chwili spojrzał z tej samej perspektywy w oczy pracownika i powiedział wolno:

– Powinieneś częściej kasować archiwum, Brunonku. – Uśmiechnął się konfidencjonalnie.

Bruno go nie docenił. Uświadomił sobie, że nie kasował archiwum rozmów. Nie było to – tak mu się wydawało – konieczne, bo przecież Arek i tak nie zdawał sobie sprawy z istnienia archiwizatora czatu. Pomylił się w ocenie szefa, i to bardzo. Zapomniał, że kiedyś mówił mu o istnieniu archiwum. Teraz uśmiechnięty i zadowolony Arek triumfował.

Brunona wprowadziło to wraz z perspektywą spotkania z Beatką w wyśmienity nastrój. Porozmawiali jeszcze chwilę o czymś i wzięli się do pracy. Po kilkunastu minutach Bruno zajęty obowiązkami zapomniał o porannej rozmowie z dziewczyną. Około czternastej, kiedy słońce było już wysoko i uporał się z większością obowiązków, zawibrował telefon w kieszeni. Odczytał wiadomość.

– 19.30 w katedrze. O 20.00 zamykają. Podaruj mi coś, czego nie zdobędę sama, a wtedy szepnę Ci, że możesz mnie dotknąć, Mój Drogi. Bardzo chcę się dzisiaj z Tobą zobaczyć.

Czytał tego SMS-a kilka razy. Nie miał najmniejszych wątpliwości – to był flirt! Nie widziała go jeszcze i nie znała, a już z nim flirtowała!

Dobre – pomyślał wesoło, chowając telefon. Spojrzał na zegarek. A więc za pięć godzin ją poznam – przemknęło mu przez myśl. Wrócił do komputera i dopiero teraz zauważył zmieniony opis na GG:

– To było dla Ciebie, My Darling...

24.

Przekroczył grube mury z drżącym biciem serca. Wewnątrz w mroku zastał prawie wyłącznie puste ławki. Ołtarz świecił blaskiem kilku świec. Porzucił wiarę w Boga, kiedy był nastolatkiem. Kiedy inni buntowali się przeciw rodzicom, nauczycielom, on zbuntował się przeciw księdzu, który nie był w stanie dać mu satysfakcjonujących odpowiedzi.

Po chwili niemal odetchnął. Nie było jej wśród kilku pogrążonych w ciszy, modlących się osób. Usiadł w jednej z ławek i uspokoił się, choć nadal czuł wszechogarniające napięcie, które niemal paraliżowało myśli. Mijały chwile. Przyszedł wprawdzie wcześniej, ale moment, na który czekał nieuchronnie, zbliżał się z nieznośnym napięciem.

Wyjątkowa dziewczyna – myślał o niej. Jej obecność pozwalała mu łagodniej rozstać się z Malwiną, którą przecież jeszcze jego skrwawione serce wciąż kochało. Te kilka tygodni ich wirtualnej znajomości bardzo ich do siebie zbliżyło. Nawiązali wyjątkową nić porozumienia. Wiedział, że to dzięki anonimowości Internetu i temu, że nigdy wcześniej się nie widzieli. Teraz bał się, że świat realny kogoś z ich dwojga rozczaruje i wszystko, co teraz ma, pęknie jak bańka mydlana. Nie chciał tego. Polubił wirtualną Beatkę. I miał teraz tylko ją.

Napisała zaledwie kilka słów o sobie w tych wszystkich wiadomościach, które do siebie wysłali. Nadal niczego o niej nie wiedział. Czuł niepokój. Niepokój jest wpisany w nasze życie – powtarzał – jest potrzebny. Daje dodatkową energię. Malwina odeszła z mojego życia i nigdy do niego nie wróci. Życie jest teraz inne, zupełnie inne, rozpoczęło się znowu od początku – myślał, czekając na dziewczynę, która lada chwila miała się pojawić.

Jego uszu doszedł cichy dźwięk ulubionych organów. Zamknął oczy i zanurzył się w rozkoszy słuchania. Ucztę przerwał odgłos otwierających się drzwi. Odwrócił się i spojrzał w kierunku snopa światła wdzierającego się przez szczelinę otwieranych drzwi.

Dzień był słoneczny, piękny i kiedy się pojawiła, oczy Brunona, przyzwyczajone do półmroku katedralnego wnętrza, oślepił blask słońca. Organista ciągnął klawiszowe dźwięki, a Bruno patrzył na dziewczynę, widząc tylko jej zarys, otoczony obwódką padającego z tyłu słońca. Wstał i podszedł oślepiony. Nagle przeciąg rozwiał jej loki na wietrze i kiedy jego oczy zaczęły rejestrować szczegóły jej postaci, a organista skończył adagio, ukazała mu się kobieta o włosach, które dostrzegł w promieniach słońca. Beatka, odsunąwszy kilka niesfornych loków z twarzy, podała mu dłoń.

– To na mnie czekasz.

Jej słowa zagłuszyło moderato na chórze. Tak poznał Dziewczynę o Perłowych Włosach. Perlistowłosą.

Spojrzał pierwszy raz w jej oczy i natychmiast zapadł w nich bezgranicznie i bezsensownie. Ostatni raz spoglądając też bez cienia szaleństwa.

25.

Pokój oświetlony ciepłym światłem świec wypełniały ich ciche, miarowe oddechy. Jawił się on niczym tajemnicze miejsce, nieznane nikomu poza ich dwojgiem, skryte i niedostępne przed światem zewnętrznym.

Bruno leżał na wznak w łóżku, wpatrując się w kontury pogrążonego w ciemnościach strychu. Drewniany strop i ogromne legary z dębowych bali, z mnóstwem meandrów, zakamarków i niuansów ciesielskich nadawały się do tego znakomicie. Długie cienie tworzyły na ścianie i suficie dziwaczne rysunki, które przywodziły mu na myśl najróżniejsze skojarzenia. Taki prywatny test Rorschacha.

Jego samodzielna diagnoza kliniczna nie wykrywała żadnych schorzeń umysłu, poza jedną. Spała obok. Czuł jej ciepło. Nie rozebrał jej. Pozbyła się wstydu przed nim i zrobiła to sama. Leżała teraz z rękoma złożonymi pod głową, śpiąc u jego boku. Głaskał jej głowę delikatnie i miękko, przesuwając dłonie po włosach.

Nie spodziewał się, że to się wydarzy. Nie myślał o tym. Teraz czuł, jak jego serce nabrzmiało, stało się o połowę większe i prawie nie mieści się na miejscu. Znał tę chorobę, o której szeptały cienie na suficie. Wciąż miał w pamięci smak jej ust, zapach ciała. Czuł go wszędzie. Pachniała, a razem z nią powietrze we wnętrzu mieszkania. Zakochiwał się. Cieszył się jej bliskością, obecnością i jej istnieniem. Do jego głowy cisnęły się setki myśli naraz.

– Nie pytaj, za co cię kocham, bo nigdy nie powiem prawdy. Zapytaj, dlaczego kocham. Usłyszysz, że nie za to, kim jesteś, ale dlatego, że jesteś, po prostu. Podaruj coś, czego nie zdobędę sama, a wtedy szepnę, że możesz mnie dotknąć. – Jej słowa drżały w powietrzu. – Błyskotliwe, z wierzchu niepokojąco chropowate. Pod spodem delikatnie puszyste, przyciąga jak magnes. – Wspomnienia wieczoru pieściły uwolniony umysł, niemal jak uwolniona z klatki gołębica pieści skrzydłami niebo.

Po chwili dziewczyna poruszyła się i otworzyła oczy. Spojrzała na zegarek wskazujący prawie czwartą nad ranem. Nagle wstała i pocałowała go czule, po czym wyskoczyła z łóżka. Naga. Patrzył na nią zdziwiony i nic nie mówił. Jawiła mu się jak jedna z plam z sufitowego testu. Widział płynne rysy jej ciała kontrastujące czernią z jasnym tłem wokół. Patrzył. Wciąż czuł zapach jej perfum i ciepło ciała. Po chwili Beatka się odezwała.

– Przepraszam cię, ale i tak zostałam tutaj za długo.

– Zupełnie się nie gniewam, Moja Droga. Dlaczego za długo?

Uśmiechnęła się zawstydzona, jak mniemał, i rzuciła:

– Nie powinniśmy byli tego robić.

Zastanowił się, czemu tak sądzi, lecz nim cokolwiek wymyślił, kontynuowała:

– Nie powinniśmy tego robić na pierwszym spotkaniu. I tak czy inaczej – też nie – odparła.

– Dlaczego? – zapytał, wstając.

Przytulił się do jej pleców w chwili, kiedy zakładała skarpetkę. Chwycił ją w ramiona, a ona wtuliła się natychmiast, jakby automatycznie i bezwiednie, tknięta naturalnym instynktem.

– Dlaczego? – powtórzył.

– Nie powiedziałam ci wszystkiego.

Kiedy stali tak obok, jej usta znalazły się w miejscu, gdzie kończy się jego szyja i zaczyna klatka piersiowa. Wtuliła się twarzą w to miejsce, wciągnęła mocno jego zapach, który tak się jej podobał, podniecał i drażnił.

– Nie rozumiem.

– Jeszcze wielu rzeczy o mnie nie wiesz, Brunonku.

Poddawała się dotykowi, który uspokajał ją i koił nerwy. Stali przytuleni, on nagi jak posąg z kamienia, a ona w majtkach, staniku, podkoszulku, w jednej tylko skarpetce i z drugą w dłoni.

– Powiedz, co kochasz najbardziej?

– Chwile takie jak teraz – odpowiedział szeptem po chwili zastanowienia.

– Co jeszcze?

– Twój dotyk, twój zapach, twój smak…

– Coś jeszcze?

– Tak. Jest wiele takich rzeczy.

– Opowiedz.

– Opowiem kiedyś, Pszczółko.

– Dobrze. I to są dla ciebie ważne sprawy?

– Tak, bardzo ważne! – odparł bez zastanowienia.

– Jak ważne?

– Najważniejsze.

– Zamieniłbyś te chwile na coś innego?

– Nie zamieniłbym.

– Dobrze. W takim razie może mnie zrozumiesz.

– Może?

– Poczekaj chwilę, zaraz będziesz wiedział, o czym mówię. Ale daj mi się ubrać.

Wyślizgnęła się z objęć i ubrała. W pokoju zrobiło się znów cicho, jak przed tym, kiedy zaczęli rozmowę. Przełknęła ślinę i wydusiła z siebie:

– A wiesz, czego ja nienawidzę?

– Czego?

– Przynależności, posiadania. Rozumiesz?

– Nie.

Jego serce przeszył ból. Chyba rozumiał. Ona wcale nie należy teraz do niego i wije się jak wyjęta z wody ryba, zadając jego uczuciom ból.

– Bo widzisz, Brunonku…

– A kochasz? – przerwał. Pytanie zawisło w powietrzu. – Kogo kochasz?

Zadawanie pytań, na które zna się odpowiedź, tylko aby usłyszeć potwierdzenie przeczuć, bywa okrutne.

– Mojego chłopaka.

Odwrócił się i usiadł z wrażenia.

26.

Była już prawie gotowa do wyjścia. Bruno siedział nadal zaskoczony, milczący i urażony. Podeszła i przeczesała palcami jego czuprynę, wnętrzem dłoni dotknęła lewego policzka, aż wreszcie jego usta. Patrzył oczami, których koloru i wyrazu nie mogła odgadnąć.

– Ale nigdy nie zamieniłabym tych chwil na chwile z nim. Rozumiesz? Nigdy nie odejdę od niego, nie wyobrażam sobie życia bez niego i kocham go ponad wszystko. Ale nie chcę rezygnować z czegoś, co tak bardzo pociąga.

– Co ty mówisz?

– Nie rozumiesz – stwierdziła nieco rozczarowana. – Ale nie dziwię ci się – dodała. – Muszę już iść. Nie chcę, aby się ktokolwiek o tym dowiedział. Było cudownie.

– Nikt się nie dowie, nie martw się.

– To dobrze. Jeśli chcesz – w jej głosie zabrzmiała nutka niepewności – abyśmy się czasem widywali, tak musi pozostać.

– Abyśmy się czasem widywali?

– Daj już spokój, muszę zmykać.

Zamknęła drzwi i pobiegła do taksówki. Była zmęczona i najchętniej zostałaby z nim do rana, a nawet dłużej, ale musiała wracać. Igor nie mógł się o niczym dowiedzieć. To byłaby katastrofa.

Taksówkarz wiózł ją do domu, a w niej narastał niepokój. Zdrada. Słowo jak inne, lecz kryjące w sobie tyle uczuć, tyle emocji. Kryjące w sobie wyrzuty sumienia, jeśli się je ma, namiętność, niepohamowaną żądzę i czasem to, co najgorsze: miłość i ból. Ze wszystkim podobno można żyć. Zdrada z chuci jest niczym w porównaniu ze zdradą z miłości, niemal jak dziecinna mrzonka. Zdrada podszyta wyłącznie smakiem ust, kolorem oczu i zapachem jest niczym tajwańska podróbka, gdy zrozumiesz, że cierpienie zaczyna się, dopiero kiedy pojawi się miłość. Ból pozostaje zawsze, gdzieś musi tkwić – jak reszta kwasowa i drzazga w skórze, która boli, dopiero gdy się ją poruszy. Zdrada jest jak popiół z ognia, który choć daje ciepło, zawsze trawi coś w zamian. Pozostaje i kusi, niebaczna na piekło, grzech, kłamstwo, krzywdę i wszystko wokół. Jest bez przebaczenia i wszystko zmienia. Chyba nie przeżyłaby, gdyby Igor ją zdradził – myślała.

Otworzyła drzwi, tak by nie obudzić siostry i mamy na dole. Zdjęła buty już w ganku i cichutko przemknęła po schodach na górę. Jeszcze tylko kilka chwil w łazience i będzie z powrotem w ciepłym łóżku. Rozebrała się i cicho wsunęła pod pościel. Igor przytulił się nieświadomie przez sen i obejmując Beatę, chwycił za pierś otwartą dłonią. Wsunął pomiędzy jej nogi swoją nogę i spał nadal niepomny tego, co się jeszcze kilka godzin temu wydarzyło, o czym świat i on miał się nigdy nie dowiedzieć.

Beatka uspokoiła się i jej oczy powoli ogarniała senność. Przypominały się jej wydarzenia poprzedniego wieczoru. Najpierw to pierwsze wrażenie, kiedy od razu się jej spodobał. Jeszcze w kościele. Wiedziała przecież, że ma doskonałe poczucie humoru, ale mrużąc śmiesznie oczy, kiedy ją zobaczył, wydał się jeszcze bardziej zabawny, a przez to interesujący. Potem wszystkie rozmowy. Ten jego ciepły głos. I zapach, który miała dotąd w pamięci i który poczuła w chwilę potem, kiedy go zobaczyła i uścisnął jej rękę. Te śmieszne riposty, jak wtedy, kiedy wzniosła toast i rzuciła do niego niby przypadkiem:

– Stukniemy się?

– Tak od razu? – zareagował wesoło. – A mogę cię najpierw pocałować?

Bawiła się świetnie – dreszcz przebiegł ją po plecach na samo wspomnienie. Strwożyła się, że obudzi Igora, który będzie zadawał niewygodne pytania. Ale po chwili znów oddychał miarowo, a ona mogła się oddać wspomnieniom.

– Nie pytaj, za co cię kocham, bo nigdy nie powiem prawdy. Zapytaj, dlaczego kocham. Usłyszysz, że nie za to, kim jesteś, ale dlatego, że jesteś, po prostu – mówił, a ona słuchała oczarowana.

Rzecz jasna zdawała sobie sprawę, kim może okazać się Brunon na żywo, wnioskując po ich dotychczasowej wirtualnej znajomości. Znała wiele szczegółów jego życia. Wiedziała, czym się zajmuje, co lubi, a czego nie. Wiedziała, co go interesuje. Świetnie się rozumieli, a ich rozmowy płynęły wartkim nurtem pomiędzy kolejnymi drinkami.

– Podaruj coś, czego nie zdobędę sama, a wtedy szepnę, że możesz mnie dotknąć. Napisałaś coś takiego, prawda? – pytał.

– Prawda – przytaknęła.

– Zastanawiam się wciąż, co miałaś na myśli.

– Ja też.

Oboje się roześmiali.

– Błyskotliwe. Z wierzchu niepokojąco chropowate. Pod spodem delikatnie puszyste, przyciąga jak magnes. Prawda?

– Tak.

Wciąż widziała jego usta. Były tak blisko, że nie potrafiła się oprzeć. Musiała go pocałować. Miękkie i delikatne. Pachniał tak cudnie drapieżnie i delikatnie. Wodził po skórze jej twarzy i włosach palcami, a ona chwytała cieniutkie nitki jego aromatu, mieszając je z podnieceniem, które z wolna, ale systematycznie ją ogarniało. Pocałowała go po tym, jak DJ skończył grać, a następny utwór był ich szczególną piosenką. Wcześniej rozmawiali o niej przez Internet i wysłała mu go w pliku MP3. Bruno, usłyszawszy pierwsze nuty melodii, zamilkł. Przysunęła się i patrząc na jego wargi, bez większego namysłu pocałowała go z zaskoczenia, nie potrafiąc dłużej tłumić tej potrzeby. Patrząc na nią, wstał i wymamrotał:

– Przepraszam, muszę chyba na chwilę do łazienki. – Po czym wstał i odwzajemnił delikatnym muśnięciem warg jej pocałunek. Oddalił się od ich stolika, lecz nie w kierunku toalety, ale wyjścia, co ją bardzo zaniepokoiło. Stał chwilę na zewnątrz lokalu.

Patrzyła na niego przez szybę i pomyślała, że nie może go całować w lokalu. Było tam wielu ludzi, wprawdzie obcych, ale ktoś mógł znać ją lub, co gorsza, Igora. Musi być ostrożniejsza. Znacznie bardziej ostrożna niż teraz. Mimo to ich usta zwarły się ponownie, kiedy wyszli na ulicę i udali się do jego mieszkania. Kiedy przekręcił zamek od wewnętrznej strony drzwi, zrzucili z siebie ubrania. Po kilku chwilach nadzy całowali się nieprzerwanie w miłosnym uścisku.

Czuła, jakby w jej wnętrzu rozlewała się lawa i wypełniała ją po koniuszki palców, pulsując miarowo. Kiedy jego usta napotkały pod gradem pocałunków jej piersi, nabrzmiałe już i krągłe, czekała zachłanna i spragniona pieszczot jego warg i dłoni. Długo się nimi bawił, ujmując w palce i w usta, by przyssać się, to znów drażnił je swoim językiem, to znów starał się wessać je całe. Nie przerywając pieszczot piersi, jego lewa ręka zaczęła zsuwać się coraz niżej, po płaskiej tafli opalonego brzucha. Mijając niezauważenie pępek, płynnie przebrnęła przez wzgórek łonowy. Rozsunęła nogi, jego ręka natychmiast znalazła to, po co tam zawędrowała.

Pieścił ją tak, jak tego oczekiwała. Nie mogła tego pojąć, bo nie zdarzyło się jej jeszcze nic tak dziwnego. Jak gdyby każdy jego pocałunek, każda pieszczota, dotyk czy nawet spojrzenie były dokładnie tam, gdzie chciała. Dokładnie tak, jak chciała. Wtedy, kiedy tego potrzebowała. Raz mocniej, aż mogła wygiąć się pod ciężarem rozkoszy, raz delikatniej, by wysunąć ku niemu biodra. Czytał w jej myślach i spełniał jej pragnienia.

Wreszcie mogła dotknąć jego penisa i wiedzieć już, jaki jest. Bała się, że jeśli okaże się inny niż Igora, nie będzie potrafiła się przestawić. Wsunęła otwartą dłoń w jego dżinsy, sunąc najpierw po żebrach, a potem po brzuchu. Kiedy poczuła ciepło bijące od niego, ujęła go w dłoń, obejmując palcami. Teraz już wie, że jej obawy były bezpodstawne.

Kiedy był w niej, czuła go wszędzie, gdzie tego oczekiwała, i wypełniał ją dokładnie, tak jak pragnęła. Każdy ruch, który wykonała biodrami, przybliżał ją do totalnej rozkoszy. Każde jego pchnięcie czuła, jakby sięgał wewnątrz, gdzieś niemal pod mostek.

Te dzisiejsze orgazmy były zupełnie inne niż wszystkie z Igorem. Noc z Brunonem była wyjątkowa. Sądziła, że po tak długim okresie kochania się tylko z jednym mężczyzną nie będzie usatysfakcjonowana innym. Było jednak doskonale.

Orgazmy bardzo ją męczyły, ale jednocześnie lubiła je i nawet potrafiła je rozróżniać oraz klasyfikować. Były inne, kiedy była na górze, a zupełnie inne, kiedy była na dole, jeszcze inne – mocne, gwałtowne, a inne – długie i leniwe. Dzisiejszej nocy każdy był inny. Inny niż wszystkie poprzednie.

Najpierw, na stojąco, prawie przy drzwiach, kiedy całowali się, jeszcze zanim poszli do łóżka. Podniósł ją i objęła go udami, trzymając za szyję. Przeniósł ją tak kilka kroków i usadziwszy na parapecie, rozchylił jej uda i trzymając w okolicy pięt, całował. Był gwałtowny, nadszedł błyskawicznie, niespodziewanie i nie była w stanie go opanować. Zadrżały jej nogi i prawie się popłakała. Jednak chwycił ją ponownie i podniósł znów, jakby miał w sobie tyle siły co Goliat, i tuląc, przeniósł na łóżko, na którym po kilku minutach pod nim znów poczuła to same drżenie ud.

Kiedy usiadła na nim i mogła nadawać tempo, był kolejny i potem od razu następny, prawie identyczny, jak odbicie w lustrze. Te dwa ostatnie na nim wyczerpały ją tak bardzo, że zadbała jeszcze tylko o to, by i on przeżył rozkosz, po czym zasnęła zmęczona – myśląc o tym, pogrążała się w najgłębszy poranny sen, jaki jeszcze tej nocy jej pozostał.

Przy swoim narzeczonym.

27.

Bruno kilka dni wcześniej zaczął sezon. Dzisiaj zamierzał także pojeździć. Chciał przemyśleć wydarzenia z Beatką. Odpalił maszynę i przepuszczając wiecznie zagapionych przechodniów, przemykał ruchliwymi uliczkami. Zamierzał przebrnąć przez centrum i wydostać się z Opola w kierunku autostrady A4, na której będzie mógł w spokoju powalczyć z wiatrem.

Pojechał przez plac Wolności i kiedy nim przejeżdżał, zobaczył ją. Przechodziła na drugą stronę ulicy w błękitnej sukience i okularach słonecznych. Dostrzegł ją i błysnął światłem drogowym.

– To ty jeździsz na motocyklu?

– No, przecież opowiadałem ci kiedyś.

– A, tak, zapomniałam, głupia jestem.

– Przestań.

– Widzisz, Brunonku, los sprawił, że znów się spotkaliśmy. I to zupełnym przypadkiem – rzuciła zadowolona.

Od tamtej nocy minęły cztery dni, a oni nie spotkali się jeszcze i nie poruszali „tego" tematu. Nie mogli o tym pisać, to było zbyt niebezpieczne. Ktoś mógłby się dowiedzieć, zresztą nie mieli nawet okazji. Albo nie chcieli.

– Masz rację.

– To może to wykorzystamy?

Rzuciła zalotne spojrzenie, machając nieświadomie torebką dobraną dokładnie i nienagannie pod kolor jej butów, kolczyków i pierścionka, co dostrzegł od razu.

– Jak mam to rozumieć?

– Gdzieś usiądziemy i porozmawiamy.

– Mówisz o jakimś miejscu, kawiarni?

– Tak, a co?

– Wyglądam nieco dziwnie w skórze i z kaskiem.

– Nie, dlaczego? Myślę, że wyglądasz stosunkowo dobrze.

– Stosunkowo?

– Taaak... Dokładnie tak... Choć, przyznaję, bez ubrania wyglądasz lepiej. Zostaw motor na parkingu i pójdziemy usiąść, o, tam. – Palcem wskazała parasole kawiarni na skwerku.

Uległ jej, początkowo niechętny. Miał przecież pojeździć, aby przestać o niej myśleć, tymczasem ani nie pojeździ, ani tym bardziej nie przestanie o niej myśleć.

– Niech będzie.

– Bardzo się cieszę! – Aż klasnęła zadowolona. – Idę zająć stolik, przychodź zaraz.

Odholował motocykl, pokonawszy w międzyczasie spory krawężnik, z niemałym trudem zaparkował nieopodal ich stolika.

– Jest taki ciężki?

– Mniej więcej dwieście pięćdziesiąt kilogramów.

– No to sporo – skomentowała, po czym z figlarnym uśmiechem dodała: – Z mniejszymi ciężarami, w granicach pięćdziesięciu pięciu, radzisz sobie całkiem, całkiem...

Popatrzył i zrozumiał – mówiła o tej nocy. Podnosił ją wtedy kilkakrotnie.

– Podobało ci się?

– A tobie?

– Tak.

– Mnie też, Bruno. Bardzo – szeptała i widział jej rozpalone policzki.

– Ale wiesz...

– Wiem – ucięła – nie powinniśmy tego robić, to grzech i będę się smażyć w piekle – odparła szybko, wyraźnie zirytowana. – Każą mi za karę językiem lizać gorące kamienie.

– Żałujesz?

– Nie. Nie wydało się przecież.

– Jak to?

– No, Igor – przewróciła oczami – nie dowiedział się.

– Nie domyśla się?

– Nie ma szans.

– Umiesz dobrze kłamać, tak?

– Nie mów tak, Bruno. – Tupnęła nogą pod stolikiem. – Proszę, nie chcę, abyś myślał, że wszystkich wokół okłamuję.

– Przepraszam. Żałowałabyś, gdyby się wydało, prawda?

– Tak.

– Dziwne.

– Nic nie rozumiesz. Ja bardzo go kocham. Chciałabym spędzić z nim resztę swoich dni. Jest dobry, opiekuńczy, znamy się długo i wiele nas łączy.

– Chyba nie mnie to powinnaś mówić.

– Dlaczego?

– Trochę mi przykro słuchać.

– Dlatego że jest Igor i zawszę będę jego kochała, tak?

Zastanowił się, po czym odparł:

– Tak.

– Mylisz się!

– Jak to?

– Wszyscy jesteście tacy sami. Prości jak mięsień sercowy. Wszystko albo nic. Albo skurcz, albo rozkurcz i brak pracy. Dlaczego od razu chcesz wszystko? Nie możemy się po prostu przyjaźnić?

– Przyjaźń między kobietą a mężczyzną nie istnieje.

– Nieprawda, istnieje. Nawet u mnie.

– Tak? A jak?

– No, na przykład z moim kolegą, Skwarkiem.

– Przy pierwszej okazji poszedłby z tobą do łóżka.

– Nieprawda.

– No to jest to wyjątek od reguły. I to wielce interesujący. Nadaje się na studia behawioralne.

– Nieprawda – powtórzyła z naciskiem. – Traktuje mnie jak siostrę.

– Skąd wiesz?

– Kiedyś, kiedy się upił, prowokowałam go. Wiem, że to okropne, ale specjalnie wywołałam sytuację, że gdyby chciał, pocałowałby mnie.

– I co?

– Zorientował się.

Roześmiał się, bo wesołym widokiem wydała mu się Beatka prowokująca i jej tajemniczy kolega, który opierał się jej wdziękom.

– Zorientował się, że coś jest nie tak?

– Wiedział, że się wygłupiam – uśmiechnęła się. Zmiękczona z uśmiechem dodała: – Spryciarz.

– Faktycznie.

– Zna mnie już długo. Wie, że nie lecę na niego, i nie zachowywałabym się tak nigdy wobec niego.

– Powiedział coś?

– Tak: „Siostra, daj spokój, przecież wiem, że nie chcesz. To tylko ja cię kocham".

– Jak to?

– No, on mnie kocha – odparła, po czym szybko dodała: – Chyba. Często to powtarza.

– No właśnie! I cały twój misterny plan z przyjaźnią męsko-damską szlag trafił.

– Chyba masz rację.

Musi jej to powiedzieć – pomyślał. Wprawdzie nie miał okazji, aby to dokładnie przemyśleć, ale kiedy patrzył, jak się rusza, szczebiocze i uśmiecha, postanowił, że to zrobi.

– Beatko, muszę ci o czymś powiedzieć.

Zerknęła niepewnie i z jeszcze większym wahaniem zapytała:

– Czy to coś ważnego?

– Tak, dla mnie jest ważne.

– Jejku, aż się boję, mów szybko.

– Uff.

– Noo…

– Nie będziemy się spotykać.

– A niby dlaczego?

– No, wiesz dlaczego!

– Że niby mam chłopaka?

– Tak.

– Przestań – ucięła niezrażona. – Skwarek by powiedział, że nie ma takiego wagonu, którego nie można odczepić.

– Hm. Widać, że interesuje się koleją.

– Widać, że interesuje się mną.

– Nie ułatwiasz mi wcale.

– Dlaczego miałabym ci ułatwiać głupotę?

– To nie głupota.

– Przestań, bo aż nie wierzę, co słyszę. Tylko dlatego, że mam chłopaka, nie będziesz się ze mną spotykał? Co za absurd! Nie możemy być kolegami i czasem się spotkać, bo się lubimy? Tak nie można? Tylko zawsze wszystko albo nic? Lubimy się przecież, prawda?

– Tak.

– No właśnie!

– To nie takie proste.

– Właśnie, że tak! Ja mam chłopaka, który niech dalej będzie sobie tam, gdzie jego miejsce, i niech tak zostanie. Z tobą się chętnie spotkam, bo miło spędzać mi czas z tobą, jesteś ciekawym i interesującym człowiekiem. Mężczyzną – poprawiła. – Tak uważam.

– Dziękuję, ale...

– Nie ma żadnego „ale".

– Dla mnie jest.

– Jakie?

– No, wiesz, Duszku... Nasze ostatnie spotkanie nie było spotkaniem znajomych, którzy się lubią.

– A czym?

– Tak spotykają się kochankowie. Szczególnie po tym, jak powiedziałaś, że w twoim życiu jest ktoś ważny.

– Nieprawda. Nadal jesteśmy kolegami. To, co się stało, było bardzo miłe, owszem, i mi się podobało. Wiem, że będzie mnie kusiło nadal, ale jesteśmy dorośli i możemy nad emocjami w pełni panować. A to był pierwszy i ostatni raz.

– A jeśli Igor się dowie?

– A dlaczego miałby się dowiedzieć? – zapytała z taką mocą przekonywania, że słuchał jak zahipnotyzowany. – Ja mu na pewno nie powiem. Mam nadzieję, że ty także.

– Nie martw się. Nie zrobię niczego, co mogłoby uczynić cię w życiu nieszczęśliwą.

– No i bardzo dobrze. Doskonale. I niech tak zostanie. Będziemy się spotykać, będziemy kolegami, bo lubimy się i lubimy swoje towarzystwo. Dlaczego mam się ograniczać ze znajomymi i rezygnować z przyjemności, z którymi czeka na mnie świat? Tylko dlatego, że mam chłopaka? To bez sensu, Bruno. Nie może tak być. Wykluczone. Nie zgadzam się.

Słuchał, patrzył i czuł, że jest już po nim. Tego dnia, tej godziny, w tej niewielkiej kafejce przy placu Wolności powinien wstać, wsiąść na motocykl i uciec daleko przed nią i wszystkim, co później się wydarzyło. Ale nie zrobił tego. Dał się uwieść i zatonął tak szybko, jak szybko ją poznał i szybko pokochał.

– Powiedz, gdzie się wybierałaś, kiedy cię zobaczyłem?

– Szłam do kościoła.

– Znów? Z kim się umówiłaś?

Roześmiała się.

– Jestem bardzo wierzącą osobą, wiesz?

– Nie wiedziałem.

– I szłam, aby podziękować Bogu za to, że cię spotkałam.

– Chyba żartujesz!

– Tak, trochę tak – uśmiechnęła się. – Już dawno nie byłam w kościele. Mogłabym się pomodlić trochę. A przy okazji poruszyłabym twój temat...

– A to dobre!

W tej samej chwili urocza kelnerka z czarnym jak węgiel spojrzeniem, widząc, że ich filiżanki po kawie są puste, podeszła do ich stolika.

– Podać coś państwu jeszcze? – zapytała.

– Nie, dziękujemy, chcielibyśmy rachunek.

Dziewczyna dała Brunonowi subtelny znak, że czas już kończyć spotkanie w kawiarni. Myślał, co dalej. Czy ma wracać do domu, czy jeszcze pojeździć chwilę? Spojrzał na zegarek, a potem na Beatkę, która świdrowała go wzrokiem. Mimowolnie uchwycił delikatny kształt jest sutków pod cieniutką, bawełnianą sukienką, wyraźnie odcinający się dwoma rozkosznymi wysepkami materiału, którego nieomal nie przebiły.

– Nie wiem, co dalej robić – odezwał się. – Zimno ci?

– Nie. A co masz jeszcze w planach?

– Nie mam planów. Chciałem pojeździć, ale jest raczej za późno. Niedługo się ściemni.

– Wyszłam tylko na chwilę. Dobrze, że mam w torebce sweter. Ale też nie mam pomysłu, co dalej, a nie chcę wracać. Mam tylko odebrać zdjęcia od fotografa.

– Muszę pozbyć się motoru i tych ubrań. – Wskazał na siebie i na motocykl. – I już możemy być razem.

– Do końca świata, Bruno?

Zaskoczyła go, ale właśnie taka była. Przekonał się o tym później jeszcze wiele razy. Postanowił pociągnąć rozmowę.

– Do końca świata, najdroższa.

– Cieszę się. Widziałam u ciebie w lodówce dobre wino. Nie piłam takiego, może spróbujemy? Masz je jeszcze?

– Mam.

– Więc?

– Więc, hm... Wracam odstawić motor, ty do fotografa i spotkamy się za... – Popatrzył na zegarek.

– Po prostu zapukam do ciebie. Będziesz czekał?

– Będę. – Uśmiechnął się.

– Bruno...

– Tak?

– Do końca świata?

– Do końca, Duszku, ale przychodź szybko.

– Dobrze. Jak tylko się da.

28.

Zapukała, tak jak się umówili. Wyjął schłodzone w lodówce kieliszki. Wino ich rozluźniło. Włączył cicho muzykę, przytulili się do siebie i tańcząc, zaczęli się wolno kołysać. Po kilku kwadransach tulił ją i głaskał po mlecznych lokach.

Kiedy butelka była już pusta, ich usta się spotkały i tym razem to on zrobił pierwszy krok, na który ochoczo przystała, odwzajemniając pocałunki. Dzisiaj były inne. Dziś nie byli już tak bardzo siebie spragnieni jak cztery dni wcześniej, nie badali siebie, tylko sycili się sobą. A mieli sporo czasu, całe popołudnie i wieczór.

Na nic jego słowa, że nie chce się z nią spotykać, i na nic jej obietnice, że będą dla siebie tylko kolegami. Kiedy dwoje coś połączy w miłosnym uścisku, w grzechu, namiętności, żądzy i pożądaniu, nie ma innej drogi niż ta, którą szli. Nie ta, którą chciał wybrać Brunon. Był zbyt słaby, a Beata zbyt silna.

Całowali się spokojnie i majestatycznie, sycąc zmysły. Powonienie – zapachami ciał, a oczy – widokiem nagich piersi, torsu, wzgórka łonowego czy ramion. Grzeszyli, napełniając receptory dotykowe ud, pośladków, skóry na placach. Był to taniec kochanków, zakazany, zabroniony, niepomny na krzywdę, którą wyrządzał wszystkim wokół i im samym.

– Miłość jest we mnie, obok, była i będzie. Emocje, hormony, dotyk słów i szept dłoni. Nie umiem się powstrzymać, Bruno, kiedy jesteś obok.

– I ja nie umiem trzymać się rozsądku, kiedy jesteś blisko – odparł.

Ale to nie była miłość. To pożądanie. Ten wieczór, będąc ich drugim, zapoczątkował historię winy ze świadomego wyboru. Grzechu, za który przyszło potem słono zapłacić.

29.

Wciąż płakała. Ten orgazm był tak mocny, że pociekły jej łzy. Po kilku minutach zaczęła się uspokajać. Nie wie nawet, jak to się stało, ale nagle poczuł słony smak jej łez na ustach, całując ją, a potem znów leżeli obok, wtuleni w siebie.

Głaskał to miejsce, gdzie kończą się jej plecy, ale jeszcze nie zaczyna pupa. Jej skóra, miękka, opalona i pachnąca słońcem, poddawała się jego pieszczotom.

– Kilka dni temu – zaczęła – wybraliśmy się na wycieczkę w niedzielę. Jeździliśmy po okolicy, zwiedzając lokale, których nie znamy, w których nigdy nie byliśmy.

– Zwiedzaliście? Zwiedza się muzea, zamki i kościoły. W lokalach się pije, je i śmieje. Lokali się chyba nie zwiedza – przerwał jej, wiedząc, że zaczęła mówić o życiu z nim. Nienawidził tego. Spotykał się z nią, bo zakochał się i nie potrafił przestać.

– Jechaliśmy autostradą do Krakowa – zaczęła znowu.

– I?

– Odpięłam pas i byłam bardzo niegrzeczna.

– Bardzo niegrzeczna?

– Igor prowadził. Odsunąłem fotel do tyłu. Zdjęłam majteczki i położyłam je tam, gdzie w aucie są liczniki.

– Na desce rozdzielczej?

– Tak, właśnie. Potem rozpięłam mu spodnie i wzięłam całego do buzi. Jechaliśmy dalej, potem usłyszałam tylko, jak trąbił kierowca tira, którego wyprzedzaliśmy.

– Wasz samochód ma szyberdach?

– Tak.

– Był otwarty?

– Tak, sama go otworzyłam, przecież nas tam nikt nie znał, więc mogli na to patrzeć... Igor się ucieszył.

– Nie dziwię się.

– Potem właśnie zwiedzaliśmy. Szukaliśmy miejsca, gdzie urządzimy nasze przyjęcie weselne.

Przestał ją głaskać. Wytrzymywał tajemnicę ich związku. Znosił opowiadania o tym, jakie ma orgazmy z nim i jak zbudowany jest jego penis. Jakie są różnice między nimi, kiedy się kochają. Ale tego, kiedy mówiła o uczuciach albo czymś więcej, nie mógł znieść. Było mu przykro.

– Jemu też tak o nas opowiadasz?

– Daj spokój, Bruno, przecież wiesz...

Tak, wiedział. Wiedział doskonale. Zawsze tak się kończyła ich rozmowa, kiedy zaczynał ten temat. Źle się czuł w takim związku. Oszukiwał siebie – wiedział to – i był oszukiwany. Wykorzystywała go. Zakochał się w niej i zdawał sobie sprawę od samego początku, że tak jest. Dlatego tak bolało, kiedy opowiadała o Igorze.

– Szukaliście miejsca na przyjęcie weselne?

– Tak.

– Nie mówiłaś, że chcesz za niego wyjść.

– Nie pytałeś. Zresztą podobno jest ci przykro, kiedy opowiadam ci takie rzeczy. Wolałbyś nie wiedzieć?

– Nie wiem, co wolałbym.

Odwrócił się i położył na plecach. Leżeli tak przez chwilę nadzy – ona na brzuchu, a on obok na plecach – po czym wstał i zaczął się ubierać. Poczuł wzbierającą w nim falę rozpaczy i złości.

Nie mogę być z tą kobietą – pomyślał. Nie wiedział dlaczego, ale wbijał wzrok w jej piękne oczy i widział w nich coś, czego nie potrafił określić. Widział spojrzenie zimne jak lód w lodowce. Widział strach. Dziewczyna leżała chwilę jeszcze, po czym usiadła na łóżku i zapytała:

– Co robisz?

Zawiązywał właśnie drugą sznurówkę.

– Ubieram się – odparł szorstko.

Wcześniej, kiedy opowiadała o swoim ślubie z takim zapamiętaniem, założył spodnie. Wciąż siedziała na krześle i patrzyła. Siadł na brzegu łóżka gotów do wyjścia i czuł, jak trafia go szlag i zalewa krew, zmieszana z rozpaczą, rozgoryczeniem i złudzeniami... Straconymi złudzeniami.

– Widzę. Ale dlaczego?

– Wychodzimy, więc się ubieram.

– Wychodzimy? – zapytała zdziwiona.

– Odwiozę cię do domu.

– Co się stało?

– Nic.

Był twardy, nieustępliwy. Zrozumiała, że zabolały go jej słowa. Że go zraniła. Znów byłam nieostrożna – pomyślała. Był zupełnie inny od Igora, inny od wszystkich, których spotkała w życiu. Usiadła przed komputerem, włączyła cicho muzykę i okryła się kocem.

– Poczekaj, muszę wejść na swoje GG, Igor myśli, że teraz jestem u Agnieszki.

– Nie możesz tutaj dłużej zostać.

– Poczekaj jeszcze chwilkę – odparła spokojnie, jakby nie zauważała, jak bardzo zdeterminowany jest jej kochanek. Gdyby Bruno miał teraz napisane na twarzy to, co czuł, brzmiałoby to zapewne: „Nie chce cię nigdy więcej spotkać".

Patrzył. Widział jej oczy i wiedział, że rozstać się z nią nie będzie łatwo, ale jednocześnie uświadomił sobie, że nic dla niej nie znaczy. Jest tylko chwilą, która trwa, by przeminąć. Kiedy jest ze mną, myśli o nim, a kiedy jest z nim, myśli o mnie – przemykało mu przez głowę. Mówi o nim cały czas! Skoro go kocha, chce z nim być, to po co, do kurwy nędzy – myślał – spotyka się ze mną?

Patrzył w jej oczy i nie umiał nic z nich wyczytać. Możliwe, że przeszkadzała mu wściekłość, która go właśnie opętała do cna. Ciągle miał przed oczyma, jak jeszcze kilkanaście minut wcześniej się z nią kochał i jak było wspaniale. Czuł jeszcze słodkawy smak jej ust i pamiętał muskające go wargi. Wciąż w pokoju unosił się zapach jej perfum.

– Ubieraj się! – powtórzył z naciskiem po raz trzeci.

Nadal siedziała, jak przedtem, w białych majtkach i jego flanelowej koszuli, okryta tylko kocem. Dostrzegł, jak chwyta stojącą na stoliku butelkę z pozostałym winem i wprost z niej bierze spory łyk, po czym skrywa twarz w dłoniach. Ich wzrok spotyka się po chwili nieobecności i Bruno nie wie zupełnie, co się dzieje. Widzi tylko, jak Beata obejmuje go za szyję, tak jak to robi mała dziewczynka, gdy chwyta tatusia i wybucha płaczem.

Płakała. Cichutko, bezgłośnie, samymi łzami. Ubrany tylko w dżinsy i z niedopiętą koszulą patrzył na nią, siedzącą na jego łóżku, które wciąż jeszcze pachniało grzechem.

– Oświadczył mi się.

– Co?

– Igor mi się oświadczył. Dał mi pierścionek. Jest tam. – Wskazała dłonią leżący pośród kolczyków i innych pierścionków obok bransoletki, nowy, którego nie znał i wcześniej nie widział. Wziął go w palce i obejrzał.

– Przecież ty masz trzynastkę, a to jest czternastka. Nie jest za duży?

– Jest! Muszę go zmniejszyć.

– No ale dlaczego płaczesz? Przecież to chyba mnie powinno nie być teraz wesoło.

– Tak? Taki jesteś mądry? – Zmieniła ton i mimo łez poczuł prawie agresję.

– Daj spokój, nic ci przecież nie zrobiłem.

– Nie? To skąd, do cholery, wiedziałaś, że mam trzynastkę, a nie czternastkę? Igor nie wiedział. Wyjdę za kilkanaście miesięcy za niego i przed Bogiem przysięgnę mu miłość, a on tego nie wie! Ty wiesz, choć znamy się od trzech miesięcy! Z Igorem jesteśmy od przeszło trzech lat!

– To zwykły przypadek.

– Przypadek? To coś, co pokrzyżowało plan losu.

– Nie rozumiem.

W tej samej chwili zobaczył chmurkę z informacją „Igor jest dostępny".

– Myślisz, że można kochać dwóch mężczyzn jednocześnie?

– Nie wiem.

– No właśnie, nie wiesz!

– A ty wiesz?

– Wiem.
– I…
– Niestety można, Bruno… Przecież cię kocham. Nie rozumiesz?
Po kilku chwilach ich usta znów się zetknęły w miłosnym uścisku. Całowali się namiętnie i szybko. Zrzuciła z siebie koc i w jednej sekundzie znów była naga. Pchnęła Brunona delikatnie na łóżko. Zdjęła mu dżinsy, ujęła jego męskość w dłoń i przesunęła się bliżej, by otrzeć się biustem o jego nogi i uda. Zatrzymała się dopiero, kiedy usta zbliżyła na wysokość penisa. Popatrzyła i szepnęła:
– Uwielbiam cię Bruno, słyszysz?
– Tak.
– Chcę być z tobą, bo dobrze mi jest. Cholernie dobrze. Ale nie jestem tu tylko dlatego, że lubię się z tobą pieprzyć.
– Więc?
– Pozwalam ci wchodzić w siebie, biorę twojego penisa do ust i za chwilę pozwolę spuścić ci się w nie, bo cię kocham.
Po czym rozchyliła wargi i objęła nimi delikatnie wierzchołek jego nabrzmiałej męskości. Po kilku chwilach do jego uszu doszedł dźwięk nadchodzącej wiadomości. Od niego. Dziewczyna przestała pieścić go ustami i spojrzała na monitor bez wstawania z łóżka.
– Gdzie jesteś? – Przeczytała.
– U Agnieszki.
– Aha, pamiętam… Mówiłaś. A kiedy wrócisz?
Bruno wstał z łóżka, rozchylił jej uda, chwycił po bokach ciała, tuż nad talerzami biodrowymi miednicy.
– Bruno! Nie teraz, piszę właśnie z Igorem!
Nie przejął się tym i kiedy wypięła się do niego zachęcająco, wszedł w nią cicho. Jęknęła rozkosznie. Rytmicznie wchodził w nią i wychodził. Zalała ją kolejna fala podniecenia, ale nadal pisała wiadomość do Igora. Tak jeszcze nie było jej nigdy. Bruno nie przestawał i jęczała, w rytmie, jaki podpowiadała jej przeżywana rozkosz.
Nie widziała tego, ale po twarzy Brunona spłynęła łza i upadła na podłogę, rozpryskując się cicho. Po chwili znikła, jakby jej nie było zupełnie. Bolało go. Bolało ją.
Jej ból był zupełnie inny niż jego – stały, niezmienny, towarzyszący jej zawsze i wszędzie. Ból stale związany ze strachem, niepewnością i świadomością grzechu. Jego ból rozrywał od środka i szatkował serce niczym serie z karabinu maszynowego.

30.

Bruno przyszedł do Aqarium jak zwykle, kiedy coś mu doskwierało. Usiadł w kącie przy barze i zamówił drinka. Stąd widział bar, trochę wnętrza, każdego, kto wchodził, wychodził lub szedł do toalety. Od kilku godzin pił.

Klub ten nie przypomina innych tego typu lokali. Schowane przed okiem przechodnia wejście od strony ulicy Franciszkańskiej, a z drugiej ograniczone asfaltem Browarnej, zaprasza uchylonymi drzwiami, gdy lokal jest czynny. Ciężkie, metalowe drzwi, z kłutymi i giętymi na gorąco ornamentami z czarnej stali, chowają wejście do piwnic o obłych sklepieniach, gdzie mieści się Aqarium. Schody z nierównego i ukruszonego betonu wiodą w dół, gdzie gościom z daleka ukazuje się widok wódek, koniaków, likierów, win i piw na półkach z lustrami. Na ścianach patrzą z ramek twarze muzyków – znad baru Jim Morrison z Mickiem Jaggerem, a znad przejścia – Ernest Hemingway i Cassius Clay vel Muhammad Ali, zwycięski w walce z Sonnym Listonem w pierwszej rundzie. 25 maja 1965 roku. Czarny. Wspaniały.

Wszystko to, wraz z wyjątkowym oświetleniem, tworzyło kuszące wnętrze. Bruno, popijając kolejnego drinka, patrząc na plakat z jego idolem, zagadnął barmana:

– Wiesz, że to był rewanż?

– Ali, na plakacie?

– Tak.

– Czyli pierwszą walkę Ali przegrał?

– Nie, też wygrał. W siódmej rundzie Liston się poddał, bo tak był już pobity, że dalej nie mógł walczyć. Ali biegał potem po ringu, krzycząc: „I'm the greatest! I shook up the world! I'm the greatest!".

– Nie wiedziałem.

Architektonicznie wnętrze składało się niejako z dwóch pokładów. Zaraz za wejściem był pokład górny. Mieściła się tutaj szatnia i obszerne toalety, wspólne dla kobiet i mężczyzn. Mniej więcej w środku, pomiędzy wejściem do nich, przytłumionym odgłosem muzyki, kusiły schody prowadzące na pokład dolny, ten właściwy, z celem wędrówek wielu gości – barem.

Wchodzili tu ci oszołomieni nowością, a ci zmęczeni oszołomieniem – wychodzili. Zjawiali się tu też nałogowi palacze, potencjalne ofiary raka płuc, impotencji, schizofrenii, alkoholizmu, prostytucji i prostytutek. I oczywiście zwykli ludzie chcący się zabawić lub odetchnąć po ciężkim dniu.

– Wiem, że Ali sprzeciwiał się wojnie w Wietnamie.

– Tak.

– Nie mógł przez to podobno przez trzy lata walczyć.

– Ciekawe, co wtedy robił.

– Różne rzeczy. Dawał przemówienia na uniwersytetach, występował w telewizji.

– No tak.

– Z czegoś trzeba żyć, nawet jeśli się było największym w historii sportu bokserem.

– Właśnie.

– A wiesz, jakie są jego trzy najsłynniejsze powiedzonka?

– Nie.

– O Wietkongu: „Oni mi nic nie zrobili, nic do nich nie mam". Po tym jak kończył walkę: „Proszę, wyglądam jak dziewczynka".

– Nieźle, a trzecie?

– Kiedy zmienił nazwisko z Cassius Clay na Muhammad Ali, nie wszyscy to zaakceptowali. Kiedy walczył z Erniem Terrellem, tak go zmęczył, że potem już tylko zamiast znokautować silniejszym ciosem, zadawał pojedyncze proste, krzycząc: „What is my name? What is my name?".

– Naprawdę?

– Tak.

Pokład dolny złożony był z jednej dużej jamy i kilku pomniejszych. W największej, która jednocześnie łączyła się z klatką schodową, zlokalizowano bar. Żadne z pomieszczeń w lokalu nie miało okna. Nigdzie nie wpadało słońce. Światło dawały jedynie cztery ogromne akwaria zamontowane zmyślnie w każdym pomieszczeniu oraz liczne lampy. Nie było niczego, co łączyło to miejsce ze światem zewnętrznym. Można by przysiąc, że ktokolwiek projektował ten lokal, był z całą pewnością wampirem.

O ile przebywając na górze, można było jeszcze rozmawiać przez telefon, choć nie bez przeszkód, to na schodach i w każdej z jam telefon komórkowy bez zasięgu stawał się zbyteczną zabawką. Bezużyteczny i bezradny ciągle szukał sieci. Oczywiście miało to liczne dobre i złe strony.

Ścian Aqarium nie pokryto tynkiem, zapewne w celu oszczędności, a i pewnie umartwionym winem mnichom nie zależało na gładkich powierzchniach w stajniach, zagrodach, kuźniach i magazynach. Były to bowiem najprawdziwsze piwnice, zaadoptowane teraz do życia. Ich historia sięga ponad siedmiuset lat.

Nieopodal na górze trzynastowieczni franciszkanie wybudowali kościół. Wokół powstał szereg pomieszczeń i dodatkowych budynków. W miejscu, w którym przecinały się ważne szlaki handlowe i komunikacyjne ówczesnej Europy, przy śródlądowym porcie, mnisi zbudowali rozległe opactwo. Ogromne fundamenty kościoła sięgały daleko w głąb, jeszcze wtedy przeważnie drewnianej, zabudowy średniowiecznego miasta.

Opactwo wraz z kościołem niejako stworzyło zamknięty krąg klasztorny. Kiedy okazało się, że miejsce to, położone nisko nad brzegiem Młynówki, zapada się przy każdym wezbraniu wody, było już za późno. Po powodziach w 1253 i 1270 roku kościół runął. Najpierw zawaliła się wieża, grzebiąc dach świątynny i niszcząc wszystko wokół.

Po kolejnej wielkiej powodzi w 1310 roku, kiedy Odra rzygnęła splatanymi szczątkami drzew, mułem, piachem, żwirem, zwłokami ludzi i zwierząt, rzeka stworzyła nowy poziom. Życie miasta i portu przeniosło się z biegiem lat w górę, gdzie woda już nie sięgała. Po latach miejsce to było już tylko podziemiami, a zabudowę – domy, ulice i nowy kościół – wzniesiono na nowo kilka metrów nad poziomem dawnego miasta.

Część tych starych, klasztornych podziemi zajmował teraz ulubiony klub Brunona. Nawet piechotą miał tu blisko. Kiedy wracał zawiany, a taki wracał stamtąd zawsze, miał blisko do bazy. Jedyną ewentualnością, katastrofą, nie inaczej, byłaby chwila, gdyby nagłym nieszczęściem w lokalu zabrakło alkoholu. O tak, nie elektryczności, ale alkoholu, Bruno bowiem był tam już w chwili, kiedy miasto spowiły ciemności, na kilka minut po zerwanej jesienną wichurą trakcji.

Lubił to miejsce. Nawet wtedy, bez prądu, dziewczyny rozpaliły świece i wszyscy pili nadal, a jedynie brak muzyki był znaczącym dyskomfortem, nieznacznie tylko zastąpionym nowością sytuacji. Lokal pozostał ten sam, niezmienny. Tajemniczy, dziki, nieokiełznany i kuszący. Bruno przychodził do tych czarodziejskich podziemi odreagować swe troski.

Z zamyślenia wyrwał go czyjś głos. Barman zagadnął:

– Jest dobrze, stary?

– Tak – odpowiedział bez przekonania.

– Z nią?

– Z nią? – powtórzył smutno. Wziął kolejny łyk, opróżniając szklankę do cna.

– No.

– Naprawdę chcesz wiedzieć?

– No jasne, mów!

– To nalej, proszę, jeszcze raz to samo.

Bruno już się upił. Barman był jego przyjacielem z grupy na studiach. Wcześniej nic nie mówił mu o Beatce, a i on o nic nie pytał, wiedząc, że Bruno przeżywa ciężki okres po rozstaniu z Malwiną. Nalał Brunonowi, po chwili także sobie, wyjaśniając:

– Za pół godziny będzie po wszystkim – powiedział, spoglądając na wnętrze lokalu. Zapalił papierosa i zaciągnął się dymem. – To koniec. Mogę już pić. – Uśmiechnął się do Brunona.

Bruno lubił go. Teraz tym bardziej, kiedy sam był bardzo pijany. Rozpoczął opowiadać swoją i jej historię. Wyłuszczył wszystko od A do Z, niemal jak na spowiedzi w konfesjonale.

I nagle, cóż za niebywałe zrządzenie losu, choć tu, w tym magicznym miejscu wydarzyć mogło się wszystko, pojawił się nieoczekiwany gość. W drzwiach stanął Adam w pogoni za nie wiadomo czym, o czwartej nad ranem, w sobotnią noc, rajdem po opolskich lokalach.

Bruno dostrzegł go, przeszył wzrokiem i się uśmiechnął. Adam stanął jak lis w bezruchu, pojmując, że oto nieświadomy i bezbronny znalazł się niechcący w pułapce. W punkcie zero. W epicentrum. Bruno wstał od baru i podciągnął dżinsy. Nikt nie lubi tego, z kim odchodzi była dziewczyna, kimkolwiek by był. Nikt nie lubi kogoś, kto bije byłą dziewczynę. A na pewno nikt nie lubi kogoś, ktoś zrobił te dwie rzeczy naraz.

– No to dodamy tej imprezie trochę sznytu – mruknął. – Hello, Adam! How do you do? I should tell you something.

31.

Zasłonięte okna nie wpuszczały do sypialni światła. Nagle usłyszał natarczywy dźwięk telefonu. Odgrzebawszy się z pościeli, odebrał.

– Bruno, słucham. – Jego głos miał w sobie więcej złości niż uprzejmości. – Co się stało? – zapytał, gdy usłyszał głos Malwiny. – Po cholerę dzwonisz?

– Dlaczego jesteś taki?

– Jaki?

– Nieuprzejmy.

– A dlaczego mam być uprzejmy?

– Przecież nie jesteśmy dla siebie byle kim.

Byle kim? Bruno się wściekł.

– O co ci, do cholery, chodzi? Jest siódma rano, budzisz mnie, masz do mnie nagle jakieś pretensje. Zresztą wcześniej, o ile jeszcze pamiętasz, podziurawiłaś mi serce!

– Pamiętam. I jest dziesiąta.

– Co?

– Dziesiąta.

Bruno spojrzał na zegarek. Rzeczywiście, było pięć po dziesiątej. O cholera – pomyślał – spóźnię się do pracy.

– Muszę kończyć.

Odłożył telefon i zaczął się panicznie krzątać. Zadzwonił do szefa, tłumacząc, że się spóźni, po czym szybko ubrał się i wyszedł.

W pracy czekał go zwykły dzień i niczym nowym się nie zajmował poza tym co zawsze.

– Bruno… – zaczepiła go pierwsza.

– Tak?

– Muszę Ci o czymś powiedzieć.

– Teraz?

– Tak.

Potok słów przesuwał się przed ich oczyma na ekranach komputerów i przenikał wirtualną stronę ich znajomości zero-jedynkowym zapisem płynącym przez świat plątaniną światłowodów.

– Igor za trzy tygodnie wyjeżdża.

– Jak to?

– Jedzie do Amsterdamu. Mają jakieś dziesięciodniowe szkolenie.

– Spotkamy się?

– Mam lepszy pomysł.

– Lepszy?

– Tak.

– Umieram z ciekawości!

– Pojedźmy gdzieś razem.

Zawahał się, po czym zadowolony odpowiedział:

– Doskonały pomysł. Powinnaś dostać nobla.

– Cieszę się. Bałam się, że nie będziesz chciał…

– Niby dlaczego?

– Natura nie dała mi instrukcji obsługi ciebie.

– I kto to mówi? – zaperzył się.

– Gdzie chciałbyś pojechać?

– Nie jestem pewien. A naprawdę możesz pojechać gdzieś ze mną? Możemy tak sobie razem po prostu gdzieś pojechać? – pytał, wciąż niezorientowany w szczęściu.

Odkąd stali się kochankami, utrzymywali swój grzech i cudzołóstwo w głębokiej tajemnicy, kryjąc prawdę za zasłoną czysto koleżeńskich spotkań dwójki kolegów znających się zapewne z podstawówki jeszcze albo liceum przynajmniej. Od czasu, gdy spędzili ze sobą pierwszą noc, minęło kilka tygodni. Spali ze sobą dziesiątki razy i dziesiątki razy spotykali się, wykradając godzinę, dwie, choćby na jeden pocałunek. Teraz nadarzyła się przed nimi szansa, by być razem kilka dni.

– Tak, Brunonku, możemy…

– Nie mogę uwierzyć!

– Pojedźmy do Krakowa!

– Do Krakowa? Hm… Niech będzie Kraków. A czy to dla nas bezpieczne? – Bruno zaniepokoił się, że mogą zostać zdemaskowani.

– Nie martw się.

– A Igor?

– Igor będzie w Amsterdamie.

– W porządku.

– Mam jeszcze dla Ciebie jedną wiadomość.

– Mów.

– Muszę w przyszłym tygodniu pojechać do babci w Niemczech.

– Na ile?

– Na cztery dni.

– Nie mogę jechać z Tobą?

– Nie… Niestety nie możesz, chociaż chciałabym.

– Jedziesz z Igorem?

– Tak.

– I jak wrócisz, jeszcze tydzień i jedziemy do Krakowa, tak?

– Dokładnie.

– Świetnie.

Plan był doskonały. Jej chłopak będzie w Amsterdamie pił drinki, podrywając brzydkie Holenderki albo podpite Polki, czekające z nadzieją, że ktoś obcy porządnie je zerżnie. Najlepiej Murzyn z wielkim penisem. A oni tymczasem…

– Beatko, co Igor o mnie wie?

– Jak to?

– No… Wie, że się spotykamy, ale co dalej?

– Wie, że jesteś. Myśli, że jesteśmy kolegami, że pomagasz mi pisać pracę magisterską.

– Nic nie podejrzewa?

– Nie wiem. Myślę, że nie. Powiedziałby mi już coś.

– Rozumiem. A jak mnie zapisałaś w telefonie?

– Agnieszka Jędrzejowska.

– Podoba mi się mój pseudonim. Kasujesz SMS-y?

– Tak.

– A billingi?

– Telefon na kartę, nie przysyłają. Numer jest mój.

– Aha.

– Dlaczego pytałeś?

– Z ciekawości.

– Nie martw się. Nawet gdyby Igor nagle wrócił, powiem, że pojechałam do Biblioteki Jagiellońskiej czytać o ewolucji języka staro-cerkiewno-słowiańskiego.

Nagle telefon Brunona zadzwonił.

– Słucham.

– Dlaczego się rozłączyłeś?

– A, to ty. – Westchnął, słysząc Malwinę. – Bo zaspałem i spóźniłem się do pracy. Nie miałem czasu na pogaduszki. Ale dziękuję, że mnie obudziłaś.

– Nie ma za co, ale mogłeś oddzwonić.

– Nie miałem czasu.

– Ciekawe dlaczego.

– Bo jestem w pracy. – Zaczynała go irytować. – I muszę pracować.

– A, tak, rozumiem. Ciekawe, czy razem z tą... no...

– Z kim?

– Z Superblondzią.

– Z kim? Daj jej spokój. To przecież nie twoja sprawa. I skąd o niej wiesz? Ja nie rozliczam cię za spotkań z Adamem.

– Nie spotykam się z nim już. Miałam kłopoty z jego powodu.

– Słyszałem.

– Nie musiałeś go pobić.

– Nie pobiłem go.

– Chciałeś.

– Nie chciałem. Gdybym chciał, obiłbym go i nie sądzę, aby komukolwiek o tym powiedział – powiedział z obrzydzeniem. – Ale cieszę się, że się powstrzymałem.

– Powiedział, że nachodzisz go i mu grozisz. Że chciałeś go pobić, bo jesteś zazdrosny.

– Nie chciałem – powtórzył z naciskiem.

– Ale on tak powiedział! Szefowej!

– *Jealousy*? Tak?

– Nie żartuj... O mało z pracy nie wyleciałam! Powiedziałam, że porozmawiam z tobą i obiecasz, że dasz mu spokój, bo inaczej mnie zwolnią! Słyszysz?

– Dobra, dobra. I to z tego powodu dzwoniłaś do mnie tak wcześnie?

– Przecież zaspałeś.

– Ech...

Uśmiechnął się, chociaż tego nie widziała. Rozbawiła go ta rozmowa, tym bardziej że wyszło na jaw, jakim piskorzem był ten, który mu ją odebrał. Poczuł satysfakcję.

– Wiesz, jeszcze chciałabym...

– Mów.

– Nie sądzisz, że powinniśmy się spotkać?

– Po co?

– Porozmawiać.

– Nie ma o czym.

– Właśnie, że jest.

– Nieprawda.

– A my?

– Jacy my? Przecież nie ma żadnych nas. Wszystko się skończyło. Sama tak chciałaś. Nie miej teraz do mnie pretensji.

– A więc jednak?

– Co jednak?

– Jesteś z nią.

– Z kim?

Dobrze wiedział, że pyta o Beatkę. Nie potrafił przed nią niczego ukryć, jeszcze kiedy byli razem. Zresztą nie miał czego ukrywać. Nawet teraz po rozstaniu Malwina nadal potrafiła wszystko z jego oczu i słów odczytać.

– Z Superblondzią.

– Czemu ją tak nazywasz?

– To moja sprawa.

– Ma na imię Beata. Jesteśmy kolegami z pracy.

– Pewnie…

– Zresztą ona ma chłopaka czy tam narzeczonego…

– A to ciekawe. Dziwne, że jej to nie przeszkadza. To dziwka?

– O co ci chodzi? Oszalałaś? Jesteś zazdrosna?

– Nieważne. Sam zobaczysz. Nie chce mi się już z tobą rozmawiać. Cześć!

– Cześć!

Jak ona ją nazwała? – myślał. Superblondzią? Z zamyślenia wyrwało go mrugające okienko wiadomości na ekranie.

32.

Usłyszał pukanie. Popatrzył na zegarek. Była 4.48. Wstał i napił się wody mineralnej z półtoralitrowej butelki. Podszedł nago do drzwi. Zawsze sypiał nago. Nim otworzył, musiał założyć spodnie. Przez wizjer zobaczył Beatkę.

– Dzień dobry.

– Dzień dobry – odpowiedział, mrużąc oczy od światła żarówki w korytarzu. Stała przed nim bez makijażu i czuł od niej alkohol. W ręku miała torebkę i pluszową maskotkę.

– Mogę wejść?

– Jasne, zastanawiam się tylko, co też cię do mnie sprowadza o tak nietypowej porze.

– Muszę iść siku! A tak w ogóle przyszłam na herbatę.

– A, rozumiem. Na herbatę…

– Nie. Nie dlatego tu przyszłam, ale muszę bardzo siku.

– No to idź, przecież wiesz gdzie.

Wbiegła do łazienki, znikając na chwilę w jej czeluściach. Na herbatę czy nie, o piątej nad ranem, ciekawe – myślał Brunon, nastawiając wodę w czajniku.

– Jestem już.

– Doskonale. Co to za miś? – Wskazał pluszaka.

– A, więc nie poznałeś jeszcze Sproketa.

– Sproketa?

– Tak. Jest najważniejszym mężczyzną w moim życiu. Znamy się i jesteśmy ze sobą od dzieciństwa. Nie bądź zazdrosny.

– A, rozumiem! – odparł, unosząc brwi.

– Pokłóciłam się z nim.

– Ze Sproketem?

– Bruno! Z Igorem. Powiedziałam, że wychodzę i idę do Agnieszki.

– Znam Agnieszkę?

– Nie znasz. To ta sama, do której poszłam po pierwszym razie u ciebie. Jak zostałam tam dłużej.

– Aha, pamiętam, rzekomo.

– Co rzekomo?

– Rzekomo poszłaś.

– A tak. Dzisiaj w nocy się z nim pokłóciłam, zabrałam Sproketa i przyszłam tutaj. Jemu powiedziałam, żeby się odpieprzył.

– Aha.

– Jesteś zły?

– Nie, przecież nie mam powodu.

– Pomyślałam, że przyjdę do ciebie.

– Rozumiem. Doskonały pomysł, cieszę się.

Brunona rzeczywiście ucieszyła jej wizyta. Lubił te jej zupełną nieprzewidywalność. Czasem przypominała zachowaniem pogodę.

– Na którą idziesz do pracy? – zapytała, wsuwając się w ubraniu pod kołdrę.

– Jutro jest poniedziałek, mam wolne. Zapomniałaś?

– Ale cieplutko! Nie, nie zapomniałam, pamiętam. Właściwie jutro to dziś.

Patrzył na nią. Skryła się pod kołdrą i zdjęła sweterek. Czajnik zagrzał już wodę na herbatę, wyłączył się i wtedy szepnęła:

– Nie chcę herbaty, chodź tutaj!

Bruno podszedł do łóżka, nachylił się i spojrzał na nią. Jego wzrok utknął na jej dolnej wardze. Dotknął jej opuszkiem palca. Przygryzła go, położyła dłoń na jego policzku i wpiła się w usta.

Po chwili pieścili się nadzy w pościeli, rozgrzani, spragnieni siebie. Ich wciąż nienasycone usta stykały się przy najmniejszej okazji; nie pozostając dłużne za pocałunki drugich ust, pragnęły tylko jednego. By wciąż całować.

33.

W jej biurze cicho śpiewa radio. Dochodzi siedemnasta. Na pasku narzędzi mruga wiadomość od niego. Gołębie zrywają się z dachu za oknem.

– Spotykamy się dziś? – pyta.

– Tak – odpowiada bez chwili namysłu.

– Więc przyjdź do mnie. Do biura.

– A co z nim?

– Nie ma go dziś w Opolu. Dziś możemy być razem.

Silnik samochodu zapala. Kilka kilometrów, sto, sto dwadzieścia na godzinę. Niebo zasnute ciężkimi brunatnosinymi chmurami. Ogromne krople wody roztrzaskują się o szyby. Kolejny zakręt. Droga znana na pamięć. Opony zbliżają się do ryzykownej granicy pomiędzy przyczepnością a poślizgiem. Pomiędzy życiem a śmiercią. Bruno redukuje do czwórki i auto zaczyna ochoczo przyśpieszać. Jeszcze tylko kilka minut i będzie z nią. Leje z nieba, jakby tego dnia miał skończyć się świat i rozpocząć pierwszy z czterdziestu dni potopu numer dwa.

Wychodząc z ciasnej kabinki garbusa, trzaska drzwiami i w biegu wpada na wyludniony deszczem targ. Testosteron zagłusza krzyczący ze wszystkich sił rozsądek.

– Pan weźmie te róże, takie piękne. – Siwowłosa kobieta przekonuje. – Kupi pan dziewczynie, będzie mocniej kochała.

– Ciekawe kogo. – Płacąc, Bruno mruczy pod nosem.

Biegnie do niej w letnim deszczu z bukietem róż w dłoni. Czuje, jak po skroniach cieknie deszczówka. Potem staje na przejściu dla pieszych, a czas dłuży się i Bruno czeka, aż któryś z kierowców w ciepłych i suchych wnętrzach metalowych trumienek zlituje się, pozwalając mu przejść na drugą stronę.

– Jesteś.

– Jestem.

– Cały mokry… Nie słyszałeś o parasolach?

– Słyszałem, ale nie wystarczyło pieniędzy.

Uśmiecha się i widzi, że oczy Beatki dopiero w tej chwili rejestrują schowany za plecami bukiet 41 czerwonych róż. Chwila zakłopotania.

– Kupiłeś kwiaty? – pyta z promiennym uśmiechem i całuje w czoło. – Ale dlaczego róże, i to czerwone?

– Hmm, chyba cię kocham. Kiedy jedziesz do babci?

– Pojutrze, jutro już nie będę miała na nic czasu, muszę się spakować.

– Jedziesz przecież tylko na cztery dni.

– Aż…

– Czyli teraz masz jeszcze chwilkę.

– Tak, dzisiaj możemy spędzić trochę czasu.

– Cieszę się.

– Ja też.

– Co robimy?

– Idziemy gdzieś.

– Gdzie?

– Nieważne, wszędzie.

Po kilkudziesięciu minutach jego mieszkanie rozświetla jedynie kilka ciepłych płomieni świec. Cicha muzyka rozsiewa wokół przyjemny, niezmącony nastrój niczym darmowy prezent. Po raz kolejny leży obok, wtulona delikatnie i wpija w niego zabójcze korzenie. Oplata mu serce, płuca, mózg i dziurawi wszystkie tętnice i żyły, przeszywając cieniutkimi jak włosy korzonkami… A mimo to Bruno oszukuje się, że jest szczęśliwy, i głaszcze jej jasną głowę. Ona wie, że go krzywdzi, wie o tym doskonale, równie dobrze jak o tym, że krzywdzi także Igora, którego tak bardzo kocha. Nawet nie chce myśleć, co byłoby, gdyby się dowiedział o Brunonie. Ale nie potrafi się oprzeć. Nie chce z niego rezygnować.

– Czuję twoje usta, zapach, pragnę i uwielbiam cię. – Beatka szepcze czarodziejskie zaklęcia.

Po chwili ciemność cichego wnętrza mieszkania wypełniają aksamitne fale namiętności. Powietrze przesycają gorące oddechy, jakby oddychali ciężkim, ciepłym powietrzem z chodnika kopalni kilometr pod ziemią.

– Całujesz jak kochanka z moich snów, pachniesz jak nimfa, o której marzę. Jesteś jak ta, która niesie światło – słyszy. – Jesteś wspaniała. Nie umiem tego opisać. Jesteś kimś szczególnym i wyjątkowym. Moje marzenia składają się z ciebie. Chciałbym ci coś powiedzieć.

– Mów.

– Jesteś najpiękniejszą kobietą na świecie, jaką kiedykolwiek spotkałem.

– Tak?

– Tak. Wiedziałem to od pierwszej chwili, kiedy cię zobaczyłem. Od chwili, kiedy zauważyłem, że nosisz we włosach światło.

– Dziękuję – odpowiada z uśmiechem. – Wiesz, często słyszałam takie słowa. Ale nie miały dla mnie żadnego znaczenia. Nie zastanawiałam się nad nimi i właściwie nigdy do mnie nie trafiały.

– Przyzwyczaiłaś się?

– Chyba tak, chociaż myślę, że to nie do końca to.

– A co?

– Dopiero, kiedy ty je mówisz, mają znaczenie. Są istotne i trafiają do mnie. Rozumiesz?

– Tak.

Bruno kiwa głową i w milczeniu przytula dziewczynę. Z radia płyną delikatne, pełne ciepła i rozpaczy nuty. Po czym przychodzi krótki i grzeszny sen. Ona jeszcze siedzi naprzeciw w białych stringach i zapinanej na guziki koszuli. Na stoliku stoją dwa opróżnione kieliszki i otwarta, wypełniona w trzech czwartych winem butelka.

Po chwili dziewczyna ubierze się i pójdzie gdzieś, dokądś, do kogoś... Pójdzie do domu, gdzie jest ten, do którego wraca. Bruno zostanie sam. Samiutki, cichy, nieszczęśliwy i samotny bardziej niż ktokolwiek inny. A samotność będzie najsilniejszą odmianą tego strasznego uczucia. To samotność z miłości, z wyboru.

Teraz Beatka wie już na pewno. Można kochać dwóch mężczyzn jednocześnie. Toksyczne jak kwas, grzeszne jak kazirodztwo, obrzydliwe jak kłamstwo kochać jednocześnie. Dlaczego nie spotkała go w innym czasie? Dlaczego niewidzialne ostrze losu pchnęło ich ku sobie właśnie teraz?

34.

Malwina zawsze uwielbiała popołudnia. Właściwie cały dzień czekała, już od czasów, kiedy była jeszcze dzieckiem, na popołudnie. Każdy dzień ma swój rytm – myślała. Ranek, kiedy wszystko się budzi, choć to bardzo płynne pojęcie, potem południe, apogeum zapału do życia. I leniwe popołudnie. Czas na wygrzewanie się w słońcu, spacery i rozmyślania. Najmilsza chwila dnia. Kiedy dzień jeszcze jest i lada chwila zacznie się kończyć, ale jeszcze trwa.

Dziś postanowiła, że pójdzie na spacer po wyspie. Założyła sznurowane sportowe buty, dobre do pieszych wędrówek, spodnie i polarową kangurkę, białe skarpetki z Myszką Miki i fotochromowe zerówki. Szła alejkami wyspy i rozmyślała.

Opolska wyspa to przepiękne miejsce, jej lokalizacja jest interesująca już sama w sobie. Idąc od centrum Opola ze wschodu, trzeba przejść przez jeden z czterech mostów na Pasiekę. Jeden z nich przeznaczono tylko dla pieszych i ten jednocześnie jest najładniejszy. To tutaj Malwina zawsze rozpoczynała swój spacer. Przechodząc przez Zielony Mostek, należy wypowiedzieć w myślach życzenie. Kiedyś podobno, jak mówił Beacie Bruno, trzeba było zapłacić jeden grosz, aby móc przejść przez niego, stąd jego druga nazwa – Mostek Groszowy. Teraz płaci się marzeniami.

Od chwili, kiedy rozstała się z Brunonem, a potem z Adamem, ma tylko jedno. Chciałaby, aby znów było tak jak kiedyś. Wyszła na środek mostu i zwróciła twarz w stronę wiatru. Czuła, jak mocno, niemal boleśnie strugi powietrza otulały ją całą.

Stała i napawała się tym, co przeżywa, zamknęła oczy. Jej głowy nie zaprzątała żadna myśl, czuła się błogo. Wypełniała ją tylko miłość do Brunona. Kiedy się z nim rozstała, nagle wszystko, jak za dotknięciem czarodziejskiej różdżki, zmieniło się. Nagle stało się tak, jak chciała, kiedy z nim była. To właśnie dlatego z nim zerwała. Pragnęła czuć to, co teraz.

Jej wzrok padł na przelewającą się brudną i spienioną wodę na progu wodnym. W głowie usłyszała głos, jak gdyby ktoś obcy mówił: „Każda prawdziwa miłość jest okupiona zbrodnią".

Przebiegł przez nią lęk od palców stóp po koniuszki włosów na głowie, a jej umysł reprodukował ten głos, powtarzając go ciągle jak echo w górach. Dziewczyna podniosła wzrok. W chwili kiedy tafla wody zmarszczyła się, a jej uszu dobiegł nagły trzask, zobaczyła na niebie przelatujący promień świetlny. Stojąc tu już kilka minut, nie zauważyła, jak zmienia się pogoda.

Drzewa na Bolko wygięły się nagle pod mocnym podmuchem wiatru niczym zboże. Zawróciła w stronę miasta. Po kilkunastu sekundach lunął ciepły, letni, równy, rzęsisty deszcz, okraszony błyskami i grzmotami piorunów.

Coś się musi wydarzyć – pomyślała w chwili, gdy pierwsze krople deszczu roztrzaskały się o ziemię.

35.

Leżą nadzy na niebieskiej pościeli. Bruno na plecach, a ona obok, z prawej, ciągle zmieniając pozycję.

– O czym jest ta piosenka, Brunonku?

– O tobie, Pszczółko.

– No przestań, poważnie pytam.

– Poważnie odpowiadam. To piosenka o tobie.

– Dlaczego?

– Bo jej tytuł to *Dziewczyna o perłowych włosach.* A ty jesteś Perlistowłosa, więc to o tobie.

– Nie wierzę ci.

– *Gyöngyhajú lány –* wypowiada w oryginale z uśmiechem.

– Co? Bruno! W jakim to języku jest?

– Po węgiersku.

– O czym?

– Kim – odpowiada, patrząc na nią. Widzi, jak zmienia się, kiedy mówi i przyjmuje różne miny, zależnie od emocji. – Opowiedzieć ci?

– Uhm.

– Wszystko zaczęło się od tego, że pewnego dnia słońce tak się zmęczyło, że nie wzeszło – zaczyna. – Zasnęło na dnie wielkiego, głębokiego jeziora i spało, podczas gdy ziemię spowiły ciemności. Bolała mnie ta ciemność. Aż pewnego razu Dziewczyna o Perłowych Włosach przyszła zza wielkiej, niebieskiej góry jak wiosna w kwiatach. Przychodząc, przyniosła w jasnych włosach śpiące światło, słońce znów wstało i zaświeciło. Ziemia znów przybrała zielony kolor. Perlistowłosa dziewczyna, czyli ty, najdroższa, snuła mi bajkę, trochę zmęczona już, a ja wciąż jej słuchałem.

– O czym ta bajka?

– Nie wiem, nie pamiętam albo pamiętać nie chcę – mówi. – Nie wiem też, czy to, co się w tej bajce dzieje, to jawa czy sen.

– To sen, Brunonku, ale ona istnieje naprawdę i zawsze, kiedy będzie ci smutno, wyjdzie z morza do ciebie. Spadnie jak gwiazda, a perły jej włosów jak białe gołębie będą cię prowadzić. Dostaniesz biały kamień i małego słonika. To nie będzie zwykły kamień. To czarodziejski, biały kamyk. Będzie cię chronił, a słonik będzie ci o mnie opowiadał, kiedy mnie już zabraknie. A wtedy będziesz pomiędzy ziemią a niebem. Ale pamiętaj, że Perlistowłosa istnieje wyłącznie przy tobie. W normalnym świecie nie ma jej, nie istnieje i dlatego to sen.

– Myślałem, że to ja miałem ci opowiedzieć bajkę.

– A co, nie podobało ci się?

– Tego nie powiedziałem. Wprost przeciwnie!

– Podobało się?

– Tak, podoba mi się za każdym razem. Nawet bardzo. Tobie się nie podobało?

– Podobało.

– Czy chodzi tylko o seks? – pyta ją. – Przychodzisz do mnie tylko, żebym cię zerżnął?

– A skąd wiesz, że mnie kiedykolwiek przerżnąłeś? Może nie udało ci się ani razu, a ja zawsze udawałam, że dobrze mi z tobą? Patrzy na nią i w pamięci przesuwa wszystkie noce, które z nim spędziła. Spogląda raz jeszcze i czuje, że zabolały go te słowa.

– Może przychodzę tu z zupełnie innego powodu? Może chciałabym czasem cię tylko usłyszeć, porozmawiać? – wyznaje dziewczyna. – Z pewnością nie mogę czuć tego co ty, a ty nie możesz czuć tego co ja, bo jesteśmy w innych sytuacjach. Nie potrafię znaleźć słów dla swoich uczuć, ale nie znaczy to, że twoje są mocniejsze, głębsze, prawdziwsze. Każdy utwór, każda nuta przypomina mi ciebie. Przypomina mi moją czerwoną sukienkę, która była jeszcze czerwieńsza przy tobie. Przypomina ranny pośpiech i senność w pracy. Przypomina białe i czerwone wino, mleko z kawą też. I bukiety róż.

Słucha i widzi, jak daje jej kwiaty, jak wybierają wino, które będzie ich pierwszym wspólnym. Jak nie mogą podjąć decyzji, czy będzie to białe, czy czerwone. Potem jak pierwszego poranka daje jej kawę z mlekiem, pół na pół, co ją tak bardzo zdziwi, że nazwie ten napój mlekiem z kawą. Czerwoną sukienkę, którą podniósł, by zsunąć majteczki, by kochać się szybko, gwałtownie, zaraz po tym, jak przyszła na chwilę.

– Płomienie, miętę i Pragę, której nie dane było mi poznać z tobą – mówi dalej. – Przypomina pierścionek na Moście Karola, Wieżę Piastowską i spacer w zoo. Przypomina mi wszystko, czego nie było.

Bruno słucha i myśli. Widzi, jak spacerują w zoo, jak podziwiają swoje miasto z Wieży Piastowskiej, na którą się wdrapali po kilkuset schodach, aż zakręciło się jej w głowie i niemal zemdlała. Jak namawiał ją, żeby pojechali do Pragi, i ostrzegał, że poprosi ją o rękę na Moście Karola przy spacerujących turystach i wszyscy Japończycy natychmiast zaczną robić im zdjęcia. Jak pili kiedyś w nocy herbatę z mięty, która zebrali latem w jej ogrodzie i potem przy płomieniach świec siedzieli, pijąc jasnozielonkawy napój o łagodnym smaku. Jak zapaliły się nagle firanki i gasili płomienie na oknie swoją miętową herbatą.

– Ja też to wszystko pamiętam – przytakuje Bruno.

– Ale jest jeszcze coś.

– Co?

– Coś, czego ty nie czujesz. To strach i kłamstwo. Wyrzuty sumienia. Grzech i jego słono-gorzki smak. Seks jest we mnie, obok mnie. Był i będzie. Emocje, hormony, dotyk słów i szept dłoni, ale nie o to tak naprawdę chodzi, Bruno. Zupełnie nie o to.

Po kilku minutach Beatka wychodzi. Na dworze się chmurzy. Zastanawia się chwilę, czy zdąży przed deszczem. Po czym skalkulowawszy, że jej szanse to pół na pół, wychodzi z bramy i szybkim krokiem pomyka ku przystankowi MZK.

W chwili kiedy się chowa pod wiatą, pierwsze wielkie krople upadają na spragnioną wilgoci ziemię. Bruno zostaje sam, ale Beatka już o nim nie myśli. Myślami jest już zupełnie gdzie indziej. Przy Igorze.

<h2 style="text-align:center">36.</h2>

Wiosenne dni mijały niepostrzeżenie. Nagle zauważyła, że jest już lato. Przyszło niespodzianie, zapukało do jej okien wcześniej, niż oczekiwała. Dni stawały się coraz dłuższe, coraz cieplejsze, z każdym zmierzchem nadchodziła kolejna cieplejsza noc. Zapachniało kwieciem, zajaśniało słońcem.

Dla Malwiny to było bez znaczenia. Może miało tylko takie, że każda piękna chwila, którą przeżyła, kłuła jeszcze mocniej, rezonowała jak drgnięcie struny gitary tysiąckrotnym echem, niczym echo w górskich dolinach.

Od jakiegoś czasu była sama. Zerwała znajomość z tym angielskim idiotą. Tak bardzo się pomyliła. Kiedy go poznała, zrobił na niej takie wrażenie, jakby widziała przynamniej samą Elżbietę II. Miał coś, czego nie miał Bruno – myślała – choć nie umiała tego nazwać. Nawet nie chciała nazywać. Teraz wiedziała, co to było. Był nowością. Więc kiedy zaczęła się z nim spotykać, zauroczył ją. Postanowiła, że odejdzie od Brunona.

Nie była to łatwa decyzja. Tak wiele ją z nim łączyło, tak wiele mieli wspólnych spraw, wspólnych zainteresowań, wspólnych znajomych, że ta ich wspólnota zaczęła ją w końcu przytłaczać. Planowali życie, świat, wspólny układ słoneczny z ich dwojgiem w centrum, wokół którego wszystko inne miało krążyć niczym planety po orbicie. Kiedy prawie po pięciu latach okazało się, że dopadło ją to, czego najbardziej obawiała się z jego strony, czyli nuda, postanowiła, że musi to zmienić. Zapragnęła znów zamieszkać sama, mieć więcej czasu tylko dla siebie. Bruno wciąż pracował i nie miał czasu na to, co chciałaby z nim robić. W tak niebezpiecznej dla nich obojga chwili pojawił się ten cholerny wyspiarz i wywrócił cały ich świat do góry nogami.

Był niemal doskonały, tak idealny, że aż nierzeczywisty. Kiedy pierwszy raz ją pocałował, było to dla niej najgorsze przeżycie, jakie mogło ją wtedy u jego boku spotkać. Broniła się przed tym, jak mogła, choć wciąż miała na to ochotę i widziała ją też w jego ciemnym, tajemniczym i pociągającym dzikim spojrzeniu. Był taki piękny. Taki męski w każdym centymetrze lub – precyzyjniej, by uczynić zadość jego anglosaskiej naturze liczb i miar – w każdym calu. Przy tym taki chłodny i daleki. Tak bardzo ją fascynował.

Po pierwszym ich pocałunku miała wyrzuty sumienia, czuła, że zdradziła Brunona najbardziej namiętną nocą, choć ich usta spotkały się zaledwie na kilka sekund i zaraz uciekły od siebie wstydem, grzechem i strachem o przyszłość. Potem już nie umiała odpędzić się od myśli o nim. Zasiał w niej ziarno, które nabrzmiało i rozłupało grzeszną łupinę, wypuszczając kiełek, który wbił się w jej mózg i rozpuścił korzonki do najdalszych zakątków jej duszy. Kiedy zaczęli z Adamem rozmawiać o ich związku, powiedział:

– W lecie zabiorę cię na Wyspy. Pojedziesz? Chcesz?

Zrozumiała, że musi dokonać wyboru. Wreszcie to do niej dotarło.

– Wiesz, że jest Brunon?

– Bruno? Ten twój?

– Tak.

– Nie martwiłbym się o niego.

– Jak to?

– Na pewno coś wymyślisz. Przecież jesteś mądrą dziewczynką.

I wymyśliła. Tyle że teraz, po kilku tygodniach, wiedziała, że wcale mądrą dziewczynką nie była i żałowała tego, co zrobiła.

– Jesteś kretynką. Będziesz tego żałować, zobaczysz! – mówiła Agatka. Miała rację.

Wszystkie przyjaciółki jej odradzały i wszystkie mówiły to samo. Agatka przede wszystkim. Jednak była uparta i zawsze na tej nieznośnej cesze traciła. Tak jak teraz.

W końcu zerwała z Brunonem i zaczęła oficjalnie spotykać się z Adamem. Wiele się zmieniło.

– Nie możemy po prostu zasnąć obok siebie?

– Jak to?

– Miałam dziś ciężki dzień.

– Czemu?

– Czemu? Zerwałam związek, w którym tkwiłam prawie pięć lat. Czy to dziwne, że mocno to przeżyłam?

– Ja bym na twoim miejscu się nie przejmował. Może po prostu było to o pięć lat za długo?

Rozbawił ją wtedy i uległa. W dniu, kiedy spędziła ostatni dzień z kimś, kogo pokochała dawno temu, spędziła również noc z nowym mężczyzną.

Teraz siedziała w wiklinowym fotelu, na opolskim Rynku, popijając mrożoną kawę, i opowiadała wszystko Agatce. Dziś mogły porozmawiać szczerze, dłużej, niż kiedy widziały się ostatni raz.

– Agata, nie miej do mnie żalu.

– Przestań, pamiętaj, że żaden facet nie może zniszczyć naszej przyjaźni.

– Nie wiem, co dalej robić.

– Czemu?

– Wiesz, kiedy odeszłam od Brunona, myślałam, że mój świat ułoży się wokół Adama. Że pojedziemy do Anglii i może nawet tam zostanę jakiś czas albo wrócimy. Że zapomnę przy nim. Ale to wszystko jest już bez znaczenia.

– Nie będziesz znów z Brunonem. Nie możesz z nim być. Wiesz o tym. Nie możesz być też z Adamem.

– Co?

– Nie możesz być z facetem, który cię uderzył.

– A… no jasne, zresztą już po wszystkim.

– Zerwałaś z nim?

– Tak. Już dawno.

– Bogu dzięki! – Z wrażenia Agata wzięła łyk piwa. – No to choćiaż jeden *good news*. I jak na to zareagował?

– Nie obeszło go to zupełnie.

– Skurwiel.

– No, skurwiel. Bardziej niż ja interesowało go, żeby mu Brunon kości nie połamał.

– O czym ty mówisz?

– Spotkał go gdzieś na mieście, dokładnie nie wiem, co i jak, bo dowiedziałam się od szefowej.

– No, mów szybko!

– Zaprosiła mnie na dywanik i był tam ten kretyn. Nie wiem, co mu Brunon zrobił albo co mu powiedział, ale był wystraszony jak siedmioletni dzieciak, kiedy zobaczy świniobicie. Poskarżył się, gnój jeden, na mnie, że mój były chłopak nęka go z zazdrości i chce go rzekomo pobić.

– Patrzcie go! A jak ciebie uderzył, było wszystko okej.

– No widzisz.

– Mówiłam ci. Damski bokser.

– Tak, mówiłaś, przepraszam, że cię nie słuchałam. O mało mnie szefowa nie wylała. Powiedziałam, że Bruno już tego gada nigdy więcej nie dotknie, i to ją uspokoiło.

– Myślisz, że Bruno go zlał? – Agatka zapytała wprost.

– Nie ma szans. – Malwina o mało nie zachłysnęła się piwem ze śmiechu, kiedy usłyszała pytanie.

– Skąd wiesz? Czemu jesteś tak pewna?

– Pamiętasz, jak byłyśmy kiedyś u mnie w piwnicy? Tam, gdzie mieszkałam z Brunonem.

– Tak. Co ma do tego piwnica?

– Wisiał tam worek?

– Worek?

– No, taki bokserski.

– A tak, tak… Chyba coś takiego było.

– Bruno trenował boks w technikum.

– Co?

– No, potem miał wypadek na tym cholernym motorze, pamiętasz? Mówiłam ci.

– Tak.

– No. I leżał w szpitalu, złamał obojczyk, rękę i trzy palce. Od tamtej pory nie mógł startować jako zawodnik.

– Zanim się poznaliście, tak?

– Tak.

– A co ma do tego ten worek w piwnicy?

– Wiesz co, Agata, czasem to ty jesteś blondynką na sto procent. – Zaśmiała się szeroko, lekko już podchmielona. – Przecież trenował czasem wieczorem i zostało mu ze starych lat. Niektórych rzeczy się nie zapomina.

– Aha, no tak… Tam były też rękawice. Tylko takie małe. Nawet je oglądałam i wydawało mi się, że w boksie używa się większych.

– No, bo się używa, ale to były treningowe, w walce są większe, żeby takiej krzywdy nie robić. Zresztą Bruno był tylko juniorem, a tam jest troszkę inaczej. Wszystko mi opowiedział kiedyś.

– Lubisz to?

– Boks?

– Tak.

– Zwariowałaś? Patrzeć na to nie mogę.

– Ja też. No dobra – Agatka postanowiła wrócić do tematu – ale skąd wiesz, że Bruno nic mu nie zrobił?

– Myślę, że Bruno go tylko przestraszył, i to bardzo skutecznie. – Obie dziewczyny się zaśmiały. – Gdyby się wściekł albo chciał mu coś zrobić, Adam wyglądałby zupełnie inaczej.

– No tak.

– Kiedyś, na samym początku, przyszedł do nas jakiś dziwny koleś i mu otworzyłam. Nie wiem nawet, jak wszedł do klatki, ale nieważne, otworzyłam. Bruno siedział w pokoju przy komputerze. Ten facet był jakiś taki dziwny.

– I co?

– I chciał rzekomo spisać liczniki czy coś o gazie mówił. Nie pamiętam dokładnie.

– Jakiś złodziej?

– Żeby tylko! Poczekaj. Powiedziałam, że go nie wpuszczę. No to on do mnie, że kara będzie i jakieś bzdury. Potem zapytał, czy sama jestem, a ja, głupia, nie wiem czemu, skłamałam i powiedziałam, że tak. I nagle pojawił się drugi koleś i on już nie gadał ze mną.

– To złodzieje byli czy nie?

– Uhm. Drugi był większy od tamtego prawie o głowę. Wiesz, taki osiłek. Chwycili mnie. Zatkali ręką usta, wepchnęli do mieszkania i zamknęli drzwi od wewnątrz. Wystraszyłam się wtedy prawie na śmierć.

– I?

– Jak mnie wepchnęli i ten drugi zamknął drzwi, w drzwiach pokoju stanął Bruno.

– No, nie wierzę, taką akcję przeżyłaś? Ale numer!

– Poczekaj. To jeszcze nie koniec, słuchaj najlepszego! Strasznie się zdziwili, jak zobaczyli Brunona, a mnie udało się wtedy wyrwać. Schowałam się do pokoju i zaczęłam krzyczeć. Nie wiedziałam, co robić.

– Chyba posikałabym się ze strachu.

– Wiesz, co Bruno zrobił?

– Bił się z nimi?

– Bił? Nigdy nie widziałam go takiego. Był spokojny jak, nie wiem, jak jakiś kot, co na mysz przy dziurze czeka kilka godzin. Nie ruszał się zupełnie. Stał w progu bokiem do nich, nogę wysunął do przodu, potem mi dopiero wszystko wytłumaczył. Uniósł ręce na wysokość piersi i powiedział normalnym głosem, prawie jak tak teraz rozmawiamy: „Wypierdalać, bo zaraz wam mordy tak obiję, że nie zejdziecie na dół do karetki o własnych siłach".

– Co?!

– Przysięgam! Naprawdę! Zatkało mnie, nie wiedziałam, co robić.

– No nie dziwię się, nie wiem, jak bym się zachowała w takiej sytuacji.

– Potem ten mniejszy wyciągnął nóż, taki, wiesz, składany, z dziurkami, co się do środka chowa ostrze.

– Motylek?

– No właśnie. Chciałam zadzwonić na policję. Byłam przerażona. I wtedy stało się coś, czego chyba nikt poza samym Brunonem się nie spodziewał. A na pewno nie spodziewali się tego oni. To wszystko stało się tak szybko, że nawet nie zauważyłam dokładnie. Zobaczyłam tylko nagle, jak ten cały nóż motylek znalazł się w powietrzu i upadł pod kaloryfer. Nie wiem jak. Odwróciłam głowę i w tym czasie Bruno zniknął w korytarzu. Usłyszałam tylko takie głuche uderzenia, jakby uderzał w worek w piwnicy. To trwało chwilę. Wyobraź sobie, że z powrotem sami otworzyli drzwi. Ten mniejszy wywlókł większego na klatkę. A potem już nie wiem.

– Co się stało?

– Wychodząc, zabronił mi iść za nim i zamknął drzwi. Usłyszałam potem jeszcze może ze trzy uderzenia i takie nagłe dudnienie. Wiesz, jakby kilka osób naraz szybko zbiegało po schodach.

– Zlał ich?

– I to jak! Oczywiście nie posłuchałam i po chwili wyszłam, bo nie wiedziałam, co się z nim dzieje. Stał na półpiętrze, na klatce nikogo już nie było. Powychodzili sąsiedzi. Bruno miał pokrwawione kostki na dłoniach i strasznie go prawa ręka bolała. Ale najlepsze było potem. Mówię ci, straszne jajka. – Malwina aż się szeroko zaśmiała, opowiadając Agatce.

– No mówże!

– Sąsiadka z naprzeciwka miała córkę, może siedmiolatkę – wspominała Malwina. – Ona wtedy zaczęła do szkoły chodzić. Wyszła z ojcem i wszyscy ciekawi, wiesz, setki pytań, co tu się stało, i tak dalej. A mała schodzi niżej na półpiętro, pokazuje na podłogę i krzyczy: „Tato, tato, chodź tu, zobacz!". Schodzę razem z nimi, a tam na podłodze powybijane zęby w plamach po zakrwawionej ślinie.

– No nie mów!

– Naliczyła ich chyba sześć czy siedem.

– Jasna cholera!

– No.

– Dlatego wiesz, że nic wielkiego mu nie zrobił?

– Właśnie. Wiesz, jak się kiedyś bałam, jak Bruno spotkał nas razem z Adamem na ulicy? Zaraz potem, jak z nim zerwałam. Myślałam, że go zabije, a on przeszedł obok nas spokojnie jakby nigdy nic. A wtedy zrobił z tymi dwoma porządek w kilka sekund dosłownie.

– Wprost trudno uwierzyć.

– Agata, pomyśl, jak by go wtedy nie było w domu! Tak mnie później opierniczył, że im otworzyłam, jak chyba nigdy wcześniej.

– I bardzo dobrze! Miał rację!

– No. Potem na papierosie sąsiadka opowiedziała mi, że wszystko widziała przez judasza, tylko się otworzyć bała. Mówiła, że jak otworzyły się drzwi, to na klatce Bruno tak przysunął temu większemu, że zleciał po schodach jak worek kartofli. Drugi spieprzył stamtąd, że się za nim kurzyło.

– Wiesz co, Malwuś?

– No? Co jest?

– Muszę ci coś powiedzieć. Przyznać do czegoś.

– Mów! – Malwina rzuciła zaniepokoiła wyrazem twarzy przyjaciółki.

– Powiedziałam mu o tym.

– O czym? Co mu powiedziałaś?!

– No, że Adam cię uderzył.

– Zwariowałaś? Przecież Bruno mógł narobić przez to sobie kłopotów, jak by obił tego idiotę.

– Nie wiedziałam o tym, o czym teraz opowiadałaś.

– Wiem – odpowiedziała Malwina pojednawczym tonem. – Ale miałaś o tym nie mówić nikomu.

– Myślałam, że dobrze zrobię.

Stawiając szklankę szkło na stoliku, Malwina po chwili odpowiedziała:

– Dobrze zrobiłaś. Niech ten gad ma nauczkę.

37.

Malwina siedziała na ławce przy placu Wolności. Przypomniała sobie słowa Brunona. Mówił, że była tutaj opolska rejencja, chociaż nie miała pojęcia, czym jest rejencja i czym zajmował się rejent. Albo Freedom Square, jak mówił ten kretyn.

Popołudnie było wyjątkowo słoneczne. Ludzie pędzili przed siebie, każdy w swoją stronę, zapracowani, zabiegani, zestresowani i nieszczęśliwi. Czasem z tego ludzkiego tłumu wyłamywał się jakiś staruszek mający na wszystko czas lub ktoś inny, zupełnie niepasujący to tego ludzkiego ula.

Dziś i ona do tu nie pasowała. Siedziała na ławce w centrum, pośród dziesiątków przechodniów, spalin, podskakujących na kostce samochodów i kierowców przeklinających pieszych wchodzących na przejścia. Przed sobą miała wylot na ulicę Ozimską, na prawo pomnik Nike i ulicę Krakowską, którą Bruno niezmiennie zniemczał na *Krakauerstrasse*, dając wyraz pogardzie historycznymi więzami z Germanią, jak mawiał. Za plecami miała Zielony Mostek oraz Grabówkę, którą i tak każdy nazywał Naleśnikarnią z racji wybornych naleśników serwowanych tam od lat jako specjał. Po lewej widziała ratusz i dwie wieże Katedry Podwyższenia św. Krzyża.

Patrzyła na ulicę i nie mogła pojąć tego dużego ruchu pieszych i kierowców. Wyjęła paczkę papierosów, którą przed kilkoma minutami kupiła w kiosku obok, i poczuła chłodne szkło butelki wina. Upije się dziś – postanowiła, żegnając się z Agatą. Zanim jednak pójdzie w Krakowską w kierunku dworca, posiedzi tu jeszcze i wypali papierosa – zdecydowała. Wreszcie, kiedy znów dostrzegła samochód z logo TVP, zrozumiała. Festiwal. No tak – pomyślała – to tłumaczy, skąd tu tylu ludzi. Założyła słuchawki na uszy i wpiła się w nuty. Papieros nieprzyjemnie mdlił ją z każdym haustem jasnego dymu. Nagle dostrzegła znajomą postać.

Szedł w jej kierunku i po chwili zrównał się z nią. Był ubrany w niebieskie dżinsy i jasną koszulę. Wyglądał, jakby wybrał się na spacer.

– Bruno? – zagadnęła.

– A… To ty… Cześć.

– Co tutaj robisz?

– A ty? – odpowiedział pytaniem.

Uśmiechnął się, miał dobry humor, zauważyła to od razu. Odwzajemniła uśmiech, nie dając poznać, że w środku właśnie płacze i to on jest powodem jej łez.

– Byłam pierwsza, pamiętasz?

– Masz rację.

Musiał pamiętać. Odkąd się poznali, zawsze do tego dochodziło. Któreś z nich zadawało pytanie, po czym w odpowiedzi słyszało pytanie z drugiej strony. Wreszcie uznali oboje, że nigdy w ten sposób się nie dogadają, i postanowili zawrzeć układ. Żadnych pytań w odpowiedzi. Takie były ustalenia. Kto pierwszy zada pytanie, ten musi usłyszeć odpowiedź. Teraz nie odwołali tego, więc powinien odpowiedzieć pierwszy.

– Jest wspaniała pogoda. Skończyłem pracę i pomyślałem, że pochodzę po mieście. Cały czas tylko siedzę w czterech ścianach biura.

– No tak, masz rację – odpowiedziała, choć na usta cisnęło się jej pytanie „A co z tą twoją Superblondi?".

– A ty?

– Spotkałam się z Agatką na Rynku. I właśnie wracałam do domu.

– Siedząc?

– Usiadłam na chwilę zapalić. – Uśmiechała się i jej serce, początkowo ściśnięte, zwolniło uścisk. – Wiesz, że nie lubię palić, idąc.

– Wiesz, że nie lubię, kiedy palisz.

– A czy to ma jakieś znaczenie? Tego, że jem czosnek, też nie lubisz.

– Festiwal się zbliża – odparł zmieszany. Widać było, że nie chce robić jej przykrości.

– Tak.

– Prawdę mówiąc, już się zaczęło, wszyscy ci, wiesz, z Warszawki znów przyjeżdżają się pokazać. Widziałem paru przed Mercurem.

– Kogo?

Bruno po chwili wymienił kilka nazwisk tak zwanych gwiazd estrady, po czym oboje się roześmiali. Nieraz oglądając razem telewizję, śmiali się z wypowiedzi aktorów czy innych osób publicznych w różnorodnych głupawych programach rozrywkowych dla szerokiej publiczności, czyli innymi słowy motłochu, gawiedzi, plebsu i ludu.

Przez moment poczuli się oboje, jakby nic między nimi się nie wydarzyło, jakby nadal byli razem i spotkali się teraz przypadkiem jak starzy znajomi. Albo jakby rozstali się godzinę temu i tutaj właśnie się umówili na spotkanie.

– Gdzie teraz idziesz?

– Nigdzie. Tam gdzie przedtem.

– To znaczy?

– No, nigdzie konkretnie, tak wyszedłem połazić.

– Aha. A co u Blondi? Idziesz się z nią spotkać?

– Nie, przecież mówiłem.

– To dobrze.

– Daj spokój, ja cię o Anglików nie pytam.

– Nie… Nie o to chodzi. I jak już o Anglika, to o jednego.

– Nieważne.

– Pytałam, bo pomyślałam, że może przejdziemy się gdzieś razem? Mam tu… – Otworzyła torebkę i pokazała szyjkę butelki od wina. – Mam to.

Bruno spojrzał na wnętrze jej torebki, po czym, nieco zdziwiony, na nią. Uwielbiał wina, a Malwina doskonale to wiedziała. Postanowiła, że dzisiaj to wykorzysta. Będzie to świetna okazja, aby zrealizować plan, który razem z Agatą nakreśliły kilkadziesiąt minut temu przy piwie.

– To co robimy? – Bruno zafrasował się głośno.

– Idziemy na wyspę.

– Będziemy pili w parku jak żule jabola?

– Tak właśnie, Brunonku, tak będziemy pili.

– Zajebiście. – Ucieszył się.

38.

Przeszli przez Mostek Groszowy i po kilku minutach szli parkiem nad rzeką. Usiedli na ławce kilka metrów od brzegu Odry. Bruno chciał, tak jak kiedyś, usiąść i porozmawiać.

– Rozstałam się z Adamem.

– Rozumiem. Powinienem się ucieszyć?

– Ja się cieszę.

– Ja nie mam zdania, ale jeśli chcesz, możemy wypić za to.

– Wolałabym, abyśmy napili się za to, że znów jesteśmy razem.

– Razem?

– Przestań. Że się spotkaliśmy.

– Wiem, wiem. To daj butelkę.

– Nie mam korkociągu, zapomniałam.

Bruno wepchnął korek do wnętrza butelki i zatykając dłonią szyjkę, szybko przekręcił butelkę. Jednocześnie na jej twarzy pojawił się wyraz uznania dla pomysłu ominięcia korkociągu.

– Więc wypijmy, za co chcesz.

– Za to, że się spotkaliśmy dzisiaj przypadkiem.

Pociągnęła spory łyk wina, po czym podała butelkę Brunonowi. Wypił także.

– Chciałabym, aby znów było tak samo.

– Jak przedtem, kiedy odeszłaś?

– Tak.

– To nie jest już możliwe.

– Ale dlaczego tak myślisz? Nawet nie spróbowałeś.

– Myślisz, że można odejść, zranić kogoś i po wszystkim, jak rana zaczyna się dopiero goić, przyjść i chcieć powrotu? Tak po prostu?

– Ja wiem, Bruno, wszystko. Wszystko rozumiem.

– Nieprawda. Niczego nie rozumiesz. Niczego nie wiesz. Owszem, zdaję sobie sprawę, że nic się nie dzieje bez przyczyny, ale nie jesteś już dla mnie tym kimś, kim byłaś dawniej.

– Wiem, że to wszystko moja wina. Wiem o tym, Bruno. Ale właśnie dlatego teraz rozmawiamy. Spróbujmy to wszystko odbudować.

– Nie da się już.

– Skąd wiesz? Dlaczego nie spróbujesz?

– Okłamywałaś mnie. Kiedy byliśmy razem, ufałem ci bezgranicznie i oddałbym za ciebie życie. Kiedy zrozumiałem, że odeszłaś i spotykałaś się z nim, będąc ze mną, tamta Malwina umarła. Przestała istnieć, nagle rozmazał się jej obraz i nigdy już nie zmaterializuje się w tej samej postaci. Oczywiście, jesteś mi bardzo bliska, jesteś wciąż jedną z najbliższych mi osób. Ale wszystko jest inne.

– Wiem, dlaczego tak czujesz.

– Nie wiesz.

– Przez tę blond dziwkę.

– Przestań.

– Nie zgadłam?

– Ona nie ma tu nic do rzeczy.

– Owszem, ma, i to bardzo dużo. Zawróciła ci w głowie i teraz nie chcesz już mnie znać.

– Przecież wiesz, że jesteśmy tylko znajomymi.

– Znam cię. Wiem, że kłamiesz. Możesz mnie odtrącać i sypiać z tą dziwką, ale zobaczysz, że ona cię skrzywdzi, i będziesz przez nią cierpiał o wiele bardziej. Wciąż cię kocham, niezależnie od tego, co wydarzyło się po tym, jak odeszłam. Żałuję tej chwili najbardziej i gdybym mogła, oddałabym wszystko za to, aby odwrócić to, co się stało. – Malwinie po policzkach zaczęły ściekać łzy.

Bruno dotknął jej dłoni i widząc ją przed sobą, ścisnęło mu się serce. Poczuł żal, że wszystko, co z nią przeżył, zniweczył jakiś chochlik, który przestawił szyk słów i wydarzyło się tyle, że świat wywrócił się do góry nogami. Przytulił ją do siebie, bo nie chciał, aby zobaczyła, że nim także targają uczucia.

– Nawet jeśli mnie teraz nie kochasz i nie wierzysz, że jeszcze będziemy razem – wciąż mówiła przez łzy – nie będę się z nikim wiązała i będę na ciebie czekała. Prawdziwa miłość zwycięży. Kocham cię i ty tak samo kochasz mnie, kiedyś to zrozumiesz.

Bruno nie odpowiedział. W jego wnętrzu płonął ogień. Zapragnął znów być z nią, być blisko. Chciał, aby znów było jak kiedyś. Wrócili do jego mieszkania i tam już w kieliszkach dopili resztę wina. Włączył muzykę z komputera i zapalił świece, pościelili łóżko. Postanowili, że spędzą tę jeszcze jedną noc razem. Malwina poszła do łazienki.

– Tym razem będę tam tylko chwilkę.

Bruno uśmiechnął się smutno, trochę z żalem, a trochę z tęsknotą. Kiedy byli razem, zawsze przed pójściem do łóżka tak długo przesiadywała w łazience, że wreszcie złościł się na nią. I rzeczywiście tym razem nie była długo. Potem poszedł on. Pod letnią wodą zmył z siebie wydarzenia dzisiejszego dnia. Myślał o Malwinie i Beatce. Była teraz z Igorem i milczała. Kiedy wrócił, pokój oświetlał tylko blask kilku świec. Ale nie było w tym romantyzmu. Malwina leżała w łóżku, ubrana w jego podkoszulek. Położył się obok i przytulili się. Obojgu płynęły łzy. Wszystko spieprzyli. Potem ich powieki przykrył sen i trwali w nim razem do rana.

Bruno nie wiedział, że kiedy się mył, Malwina dokładnie przejrzała jego telefon, w szczególności SMS-y od Beatki oraz jej numer. Weszła też w archiwum komputera i przejrzała rozmowy. Gdy wrócił z łazienki, leżała już w łóżku tak, by niczego się nie domyślił.

39.

Wykręciła numer, przygotowana na rozmowę z kochanką Brunona. Ręce drżały jej z podniecenia lub strachu. Zdawała sobie sprawę, że od tej rozmowy wiele zależy. Przemyślała ją w wielu wariantach. Robiła to po to, aby być z Brunonem. Aby znów byli szczęśliwi. Obiecała sobie, że wszystko naprawi i będą szczęśliwi, razem, jak kiedyś. A o wszystkim, co ich spotkało, szybko zapomną. To wzmocni ich bardziej.

– Słucham.

– Cześć, jestem Malwina.

– Kto? – Beatka nie znała tego głosu. – To chyba pomyłka, nie znamy się.

– No, niby nie. Ale wiem, kim jesteś.

– Co? O co chodzi? – Przez myśl przebiegło Beatce: to ona! Postanowiła jednak się nie zdradzać, że wie, z kim ma do czynienia. – Mów albo się rozłączam.

– Chodzi o Brunona.

– O jakiego Brunona?

– Nie udawaj, dobrze wiesz, że chodzi o tego Brunona, który cię posuwa, kiedy tylko nie jesteś ze swoim facetem. A ja jestem Malwina.

Nie doceniała jej – Beatce jak błyskawica przeleciała myśl, choć przeczuwała, że do takiej rozmowy może dojść. Tak czy inaczej cieszyła się, że rozmawiają przez telefon, bo przy spotkaniu osobistym zbytnie emocje i szczerość mogłyby wziąć górę. Teraz jest okazja, aby wiele wyjaśnić.

– Nie bądź taka wulgarna.

– A ty cwana.

– Co do mnie masz?

– Chcę, abyś przestała spotykać się z Brunonem.

– O... interesujące. A co się stało, Anglik cię wystawił i chcesz z powrotem kochać Brunonka jak kiedyś? Tak sobie to wykombinowałaś?

– Nie drażnij mnie. Nic ci do naszych spraw. Nie wtrącaj się w nasz związek.

– Związek? Coś ci się chyba, kotku, poprzestawiało. Nie ma żadnego związku. Bruno jest sam. Może się spotykać, z kim chce i kiedy chce. Nie mam nic przeciwko, żeby spotykał się z tobą, ale nie zabronisz mi spotykać się z nim.

– Odczep się od niego, powtarzam. Wracaj do swojego chłopaka.

– Ooo! Może przestaniesz wreszcie mówić, co mam robić?

– Lepiej nie bądź tak cwana.

– Grozisz?

– Nie, ostrzegam.

– Ostrzegasz?

– Nie sądzę – Malwina postanowiła zaszantażować Superblondi – aby twojemu kochasiowi spodobało się, gdyby dowiedział się, że puszczasz się na lewo i prawo, przyprawiając mu rogi.

Beatka umilkła na chwilę, wzięła głęboki oddech i nieco spokojniej odpowiedziała Malwinie:

– Posłuchaj uważnie, durna suko. Nawet nie myśl o takich rzeczach. Zapomnij też o nim, dopóki ja się z nim spotykam. Z kim się puszczam, to moja sprawa. I radzę ci naprawdę szczerze, trzymaj mordkę jak myszka pod miotłą, bo jeżeli tylko zechcę, jeżeli tylko szepnę mu jedno, jedyne zdanie na ucho, nawet cichutko, nigdy więcej, nigdy, zapamiętaj, go nie zobaczysz. Rozumiesz? Nie spotka się z tobą i znienawidzi cię do końca życia. Jeśli chcesz, możesz dzwonić, wcale się nie boję, ja i tak sobie poradzę. Nawet ci numer mogę podać, jak chcesz, bo nie sadzę, że jesteś aż tak przebiegła, abyś go zdobyła.

Beatka oczywiście blefowała. Owszem, Bruno miał zapisany numer telefonu Igora, ale przedostania cyfra i ostania były nieprawdziwe. Bruno zapisał go, na wypadek gdyby musiała zadzwonić do narzeczonego. Kazała mu go sama zapisać, tyle tylko, że potem szybko i potajemnie zmieniła dwie cyfry. Skoro Malwina dzwoniła do niej, to przechwyciła telefon Brunona i znalazła pewnie również numer do Igora, na szczęście błędny – wydedukowała.

– Nie mów mi też o przyprawianiu rogów – mówiła dalej. – O ile pamiętam, to Brunonowi zrobiłaś to samo z tym obleśnym Angolem. Pomyśl o tym – poradziła, rozłączając się.

Na twarzy Beaty rysował się triumf. Malwina była w potrzasku. Nie mogła zadzwonić do Igora, bo nie miała numeru. Nie może zresztą zadzwonić, bo nie chce, żeby Bruno jej znienawidził. Bruno kochał ją, zrobiłby dla niej wszystko, o co by go poprosiła, gdyby tylko obiecała, że będzie z nim. Unieszkodliwiła Malwinę.

Jednak w swej przebiegłości, inteligencji i wrodzonym sprycie Beatka nie wiedziała jeszcze, że się pomyliła. Malwina odłożyła słuchawkę, skryła twarz w dłoniach i po chwili wybuchła płaczem. Była bezsilna. Nie mogła nic zrobić. Cały jej plan, kilka słów tej blond dziwki, zepsuły wszystko.

Prawie wszystko.

40.

Bruno pożyczył od kolegi zdezelowanego malucha. Potrzebował go na kilka dni.

– Po co ci on?

– Muszę mieć inne auto. Weź w zamian garba.

– Przecież garb jest o wiele lepszy.

– Tak, ale wszyscy wiedzą, że jest mój. W twoim maluchu nikt nie będzie wiedział, że to ja.

– Bawisz się w detektywa?

– Coś w tym rodzaju – odparł.

Wiedział, że Marcin, barman z Aqarium, pożyczy malca bez problemu. Beatka miała jechać z Igorem do babci w Niemczech. Bruno postanowił, że chciałby wreszcie wiedzieć, jak Igor wygląda. Nie powiedział o tym Beatce, bo nie uznał tego za słuszne. Poza tym Beatka, nie wiedząc, że jest obserwowana, będzie zachowywać się naturalnie.

Wypytał ją wcześniej, o której mają jechać. Wiedział, gdzie mieszkają, bo nieraz odwoził ją prawie pod dom, o różnych dziwnych porach, kiedy ludzie jeszcze spali lub właśnie wstawali do pracy na pierwszą zmianę i wracali z trzeciej.

Mieszkali na samym końcu ulicy, tam droga kończyła się i przechodziła w gruntową. Pojechał dalej i zaparkował obok garaży. Miał doskonały widok na ich dom, samemu będąc niezauważalnym. Ustawił fiacika przy ścianie garażu tak, że cały samochód pokrywał cień, kamuflując go i zapewniając klimatyzację. Włączył muzykę i czekał.

Męczyła go ta znajomość – myślał o niej. Wiedział, że jest toksyczna jak kwas i że wkrótce coś musi się wydarzyć. Dłużej tak nie może być. Miał nadzieję, że Beatka spotyka się z nim, ponieważ w jej związku z Igorem jest źle. Wielokrotnie o nim opowiadała. Wiedział bardzo dużo, niemal wszystko. Tak przynajmniej mu się zdawało. Do tego doszła jeszcze Malwina, która znów zamieszała w jego uczuciach.

Spotkanie z nią otworzyło stare rany, które zaczęły się już zabliźniać. Ale przecież, odkąd pojawiła się Beatka, wszystko się zmieniło. Wiedział, że gdzieś na dnie serca nosi głęboko schowaną Malwinę i pewnie nic tego nie zmieni. Ale całą pozostałą, ogromną resztę wypełniała do cna Beatka. Miał nadzieję, że wkrótce rozstanie się z Igorem, a wtedy pojedzie z nią do Pragi. I tak jak kiedyś ją ostrzegał, przy wszystkich turystach oświadczy się jej na Moście Karola.

Siedząc w zdezelowanym samochodzie, napisał SMS-a: „Nie mogę się doczekać, kiedy znów się spotkamy. Nie bądźcie tam zbyt długo. I bądź grzeczną dziewczynką, obiecaj. Napisz też chociaż raz. Będę tęsknił". Ale długo nie otrzymywał odpowiedzi. Nagle, po kilku godzinach oczekiwania, kiedy niemal już przysnął, przed domem zaczęło się coś dziać.

Najpierw zobaczył nieznajomego mężczyznę w wieku mniej więcej tym samym co on. To Igor – wydedukował. Chłopak był tego samego wzrostu, nieco szczuplejszy i bardziej smukły niż Bruno, o zwykłej twarzy. Nie zwróciłby na niego uwagi na ulicy – pomyślał. Ubrany w niebieskie dżinsy i sportową bluzę otwierał bramę. Po chwili wyjechał przed dom i zaparkował samochód. Potem zamknął go i wbiegł po schodach do domu, by wrócić z torbą podróżną, którą wrzucił do bagażnika. Pojawiła się też Beatka.

Patrzył na nią i nie rozumiał jej zachowania. Patrzył przez lornetkę. Była bez makijażu, ubrana wcale nie tak, jakby miała gdzieś jechać. Ucałowała Igora czule w usta, obejmując go za szyję, pożegnali się, mówiąc do siebie coś, czego nie słyszał. Po czym Igor wsiadł do samochodu i odjechał. Beatka, stojąc chwilę jeszcze na środku ulicy, pomachała na pożegnanie i szybko z powrotem wbiegła do domu.

Bruno odłożył lornetkę na siedzenie i znalazł paczkę L&M z dwoma papierosami. Kilka minut zabrało mu, nim znalazł zapalniczkę i kiedy miał już zapalić, dostał SMS-a. Od niej. „Też będę tęsknić" – napisała. „Ale kiedy wrócę, pamiętaj, jedziemy do Krakowa :-) Właściwie już tęsknię".

O kurwa! – zaklął do siebie, zapalił, zaciągnął się i po chwili wysłał: „O której wyjeżdżacie?". Odpowiedź otrzymał niemal natychmiast. „Już dawno jesteśmy w drodze, z 70 km za Legnicą, wkrótce przekroczymy granicę. Igor postanowił, że pojedziemy wcześniej, póki nie jest gorąco i nie ma ruchu".

Bruno przeczytał i zaklął znowu. Okłamała go. Okłamała go po raz pierwszy, a właściwie to nie wiadomo po raz który, ale po raz pierwszy się zorientował. Poczuł się skrzywdzony niemal tak samo jak tego dnia, kiedy Malwina odeszła do tego cholernego Anglika. Zrobiło mu się niedobrze.

Wyszedł z auta i zwymiotował. Wytarł usta, uspokoił się i usiadł obok samochodu. Nie wiedział, co robić, jego świat znów po kilku miesiącach runął, a on nie miał na to zupełnie wpływu. Postanowił wrócić do domu. Przypomniały mu się słowa Marcina, kiedy w Aqarium wszystko mu opowiedział, zanim poszarpał Adama.

– Mówię ci, Bruno, kobiety to tak naprawdę są chuje. I żaden facet nie może być większym chujem niż kobieta. Facet może mieć tylko większe jaja. Pamiętaj o tym zawsze, wiem, co mówię. Wiele już zza baru widziałem.

Teraz tamte słowa dźwięczały mu w uszach i przygniatały swoją cholerną prawdą i bezczelną adekwatnością tej sytuacji. Poszukał dźwigienki ssania i kiedy wzrok wrócił przed przednią szybę, zauważył znów ruch. Pod dom podjechał zielony opel astra. Bruno szybko przypomniał sobie słowa Beatki. Skwarek jeździ seatem, więc to nie on. Z samochodu wyszedł mężczyzna w czarnej, skórzanej marynarce, niemal identycznej jak ta, którą sam nosił.

Beatka wyszła do niego, miała staranny makijaż i włożyła na siebie tę samą czerwoną sukienkę, którą tak dobrze znał i lubił. Nieznajomy otworzył jej drzwi, wsiadła z nim do samochodu. Po chwili odjechali, a Bruno za nimi. Gotowała się w nim złość, zazdrość kipiała niczym z ust Otella. Poczuł, że znów jest zdradzony. Wyjechali za miasto w kierunku Głuchołaz i tam kierowca opla tak przyśpieszył, że Bruno nie mógł ich już dogonić.

Kiedy wracał smutny do domu, w jego głowie dudniła jedna myśl: okłamała mnie. Jednocześnie w jego umyśle poczęła kiełkować inna. Kilka godzin wcześniej nie dopuściłby jej do głosu. Teraz pojawił się rozsądek. Niezależnie, kim był ten mężczyzna i dlaczego się spotkali, nie miała czystego sumienia. Okłamała go. A to było podłe.

Nie miało to teraz najmniejszego znaczenia, choć Bruno nie mógł o tym wiedzieć. Kilka dni później miał być już martwy.

41.

W czasie, kiedy Beatka była w Niemczech, a przynajmniej myślała, że Bruno tak sądzi, przemyślał jej postępowanie. Upił się tego samego wieczoru niemal do nieprzytomności i gdyby nie Marcin, pewnie nie przeżyłby tej nocy. Czuł się zgwałcony. Okłamany. Oszukany. Poczuł, że ta chwila, choć tak okrutna, była punktem zwrotnym.

Kiedy uprzątnął bałagan w głowie, który poczynił tam kac, wszystko wróciło jak bumerang. Przyszły też nowe myśli, jak po nocy zawsze przychodzą nowe marzenia. Bruno zrozumiał wreszcie, że cała ta sytuacja, w którą się wplątał, i romans z Beatką, w który się nieświadomie uwikłał, musi się skończyć. Wszystko musi ulec zmianie.

Jaki był ten związek? – myślał. Pachnący, smakujący winem, świecami, tęsknotą i mokrymi plecami. Przede wszystkim jednak był bolesny, chociaż podobno kiedy zranisz anioła, jak śpiewał Ciechowski, on nie czuje nawet swoich ran. Czy Bruno był takim aniołem? Beatka twierdziła, że tak. Ale przede wszystkim był mężczyzną, a żaden prawdziwy mężczyzna nie zniósłby dłużej takiego stanu rzeczy. Możliwe, że gdyby nie pokochał swojej Perlistowłosej, byłoby mu łatwiej i lżej. Ale stało się inaczej. I choć Beatka powtarzała ciągle: „Pamiętaj, uczuciami można sterować, jesteśmy dorośli i odpowiedzialni za swoje czyny. Jeśli nie chcemy kochać, nie będziemy tego robić. Wszystko zależy od nas", on nie potrafił.

Okazało się też, że Beatka, której ufał, jak idiota zresztą, wcale do niego nie należała. Wiedział, że to koniec. Jego związek z nią przywodził na myśl związki żonatych, którzy obiecują młodocianej kochance, że zostawią żonę. Mimo obietnic nigdy się na to nie decydują, a jedynie bawią się ciałem młodej siksy. Jednak zanim nadszedł dzień katharsis, obiecał, że pojadą razem do Krakowa. Lubił dotrzymywać obietnic.

Postanowił, że po jej rzekomym powrocie, kiedy Igor wyjedzie do Amsterdamu, pojedzie z nią, tak jak zaplanowali. Będzie się dobrze bawić, tam się jej oświadczy, bo przecież doskonale wie, że ona tych oświadczyn nie przyjmie. Spędzi z nią jeszcze jedną, ostatnią, upojną noc, by zapamiętać jej smak, zapach i dotyk, i wtedy zerwie znajomość. Ona nigdy się nie dowie, dlaczego to zrobił, nie będzie wiedziała także, że wie o jej kłamstwach. Odsunie się w cień i zniknie. Tam spróbuje zregenerować się i w spokoju, kiedy już o niej zapomni, na nowo spróbuje ułożyć sobie życie.

Mylił się bardzo, nie pierwszy zresztą raz w ostatnim czasie. Zrozumiał jednak, że nigdy nie byłby szczęśliwy z tą kobietą. Wiedział, że nie zdradzała dlatego, że szukała czegoś, czego u niego nie znajdywała u Igora, jak myślał poprzednio. Zdradzała, bo to lubiła. Lubiła ten dreszcz. Bo była złą kobietą. To była nieznośna świadomość.

Po słonecznym popołudniu, kiedy zobaczył najpierw, jak okłamuje go, i potem, spotykając się z nieznajomym, podnosi swoje kłamstwo do potęgi, wszystko się skończyło. Wszystko zgasło. Całe jego wnętrze, rozlewające się do najdalszych zakamarków sponiewieranej duszy niczym lawa, nagle zaczęło stygnąć na kamień, pozostawiając po sobie jedynie ciężar wspomnień. Teraz mógł już tylko czekać. Opancerzył się twardą skorupą. Zaglądając stamtąd, ze straszliwie odległego, nieomal bezludnego wzniesienia prawdy, widział siebie, z niemą rozpaczą świętującego narodziny tego dnia, w którym się od niej uwolni. Nie wierzył, że zawsze należy walczyć, nawet w przegranej sprawie. Wiedział, że chwila, w której wyrwie kawałek siebie ociekający krwią, będzie bolesna. Nie mógł jednak wiedzieć wszystkiego.

42.

Był bliski załamania, choć nie zdawał sobie z tego sprawy. Czas, kiedy był z nią, wyczerpywał go do cna. Roztapiał się pod jej toksycznym wpływem, jak kostka lodu pod wpływem wody. Męczył się. Był sam. Fizycznie i psychicznie.

Włączył muzykę z komputera. Spróbował ból psychiczny zabić fizycznym. Zmęczył ciało ćwiczeniami, pompkami i brzuszkami, tak bardzo, że mięśnie delikatnie drgały. Zresztą nie po raz pierwszy. Potem odetchnął, a kiedy z głośników popłynęły dźwięku utworu pod niezwykle trafnym tytułem *The Unforgiven*, zasznurował rękawice i rozpoczął trening. Uderzał szybkimi prostymi w worek zawieszony na jednej z belek pod sufitem.

Jego płuca unosiły żebra i chowały się w klatce piersiowej niczym kowalskie miechy. Każdy centymetr ciała pokrył się błyszczącym potem, a on wciąż uderzał. Wreszcie, kiedy nie mógł już utrzymać pięści na wysokości twarzy, kiedy doprowadził organizm do niemal skrajnego wyczerpania, zdjął rękawice i upadł na łóżko. Tam jego ciało się uspokoiło i zapadł w płytki, nerwowy sen. Śniło mu się, że wszystko, co zobaczył, było nieprawdą. Po czym nagle dostrzegł, że Beatka spotyka się oprócz niego i nieznajomego z kolejnymi mężczyznami. Zobaczył, że jej fizyczne piękno jest złudą, w którą wszyscy wpadają jak w pajęczą sieć. Widział siebie jako jedną z jej ofiar, a Beatka nagle przetransformowała się w monstrualnie zmutowaną modliszkę. Kopulując po kolei z każdym, w końcu ich pożerała. Ze snu obudził go cichy dźwięk telefonu. Dostał SMS-a. Od niej. „Wróciłam już, Brunonku. Tęskniłeś chociaż troszeczkę za mną, tak jak ja za Tobą?"

Odpisał: „Tak. Bardzo. Kiedy się spotkamy?". W chwilę potem znów zadźwięczał dzwonek siemensa: „Nie wiem dokładnie. Napiszę Ci. Teraz nie mogę. Musimy z Igorem załatwić kilka spraw, zanim pojedzie do tej swojej Holandii. Poczekasz?".

„Poczekam" – odpisał. „To dobrze. Tak chciałabym się już dziś z Tobą spotkać. Igor jedzie pojutrze. Nie wiem, czy uda się nam spotkać przed jego wyjazdem, raczej nie. Tyle mam Ci do powiedzenia. Myślę, że spotkamy się dopiero w drodze do Krakowa". „Rozumiem. Będę czekał". „Ja też".

Często tak, za pomocą SMS-ów, rozmawiali ze sobą. Wysłali ich dotąd tysiące. Niektóre z nich przechowywał. Wracał do nich, kiedy tęsknił za nią. Ona z kolei kasowała wszystkie natychmiast, nie pozostawiając po sobie tropów, po których Igor mógłby wpaść na ślad jej zdrad.

Bruno czekał. Nie pozostało mu nic innego. Czekał, aż Igor wyjedzie, a on zrealizuje swój plan. Wziął urlop na czas wyprawy do Krakowa. Wolałby jednak teraz pracować. Nudził się. Ćwiczył, sprzątał i jeździł na motorze. Wieczorem skasował wszystkie SMS-y od niej. Przypadkiem dostrzegł też, nie rozumiał dlaczego, że numer telefonu do Igora jest błędnie zapisany. Dwie ostatnie cyfry się nie zgadzały.

Bruno miał – oprócz wielu cech typowych dla mężczyzn, jak choćby to, że nigdy nie pamiętał, jaki jest dzień tygodnia, gdzie położył klucze od mieszkania czy gdzie się podziały jego wczorajsze skarpetki – także pewną niezwykłą zdolność. Choć nie umiał liczyć tak szybko jak jego rówieśnicy, zapamiętywał ciągi liczb. I takim to sposobem nie musiał zapisywać numeru PESEL, NIP, numeru kont bankowych czy numerów telefonu. Po prostu, kiedy raz jakiś ciąg liczb zobaczył, umiał w dowolnej chwili odtworzyć z pamięci, zawsze bezbłędnie. Nie potrafił tego zrobić ze słuchu, jednak jeśli spojrzał na liczby, zawsze je zapamiętywał.

Widząc numer telefonu Igora, wiedział, że jest błędny. Zmienił cyfry z powrotem na odpowiednie i dziwił się, jak to się stało, że źle je zapisał. Po chwili go olśniło. Zapisał je dobrze. Ktoś potem je zmienił. Tym kimś mogła być tylko Beatka. Bruno zastanowił się, dlaczego to zrobiła, szybko też odpowiedział sobie na to pytanie.

43.

Strumienie ciepłej, prawie gorącej wody spływały po jego ciele. Temperatura wody zapewniała maksymalne pobudzenie. Nie parzyła jeszcze, lecz dzieliła ją od tego tylko cieniutka granica. Stał tyłem do strumienia z rękami opartymi o ściany kabiny jak u ukrzyżowanego. Woda dawała mu ukojenie i odprężenie, tak bardzo teraz potrzebne. Wreszcie zakręcił kurki i wyszedł spod prysznica. Kolejne sekundy minęły na dokładnym wycieraniu mokrego ciała. Kończąc, stanął przed lustrem. Po chwili ostrze maszynki do golenia gładko przesuwało się po skórze, zbierając warstwę żelu. Zmiękczony prysznicem zarost ustępował przyjemnie przy minimalnym oporze. Do jego uszu dochodził rytm muzyki z głośników w pokoju. Kiedy skończył się golić, obmył twarz wodą, przetarł ręcznikiem i spojrzał w swoje odbicie.

Dzisiaj jego oczy przybrały kolor smutku. Czaił się w nich lęk i zrezygnowanie, ale wszystko to było głęboko skryte pod zasłoną silnej determinacji. Wybierając zapach wody kolońskiej, nie wahał się ani sekundy – zdecydował się na szarego hugo bossa. Wiedział, że to zapach, który zawsze będzie się jej z nim kojarzył. Wiedział też, że Bea reagowała na niego bardzo mocno. Zmieszany z naturalnym zapachem jego skóry podniecał ją. Wiedział wreszcie, że kupiła Igorowi taki sam. By czuć go przy sobie.

Przygotowywał się do wyjazdu. Mieli dziś jechać do Krakowa, tak jak jej obiecał. Wiedział, że nie ma już odwrotu. Po chwili po drewnianych schodach dudniły jego kroki. Zastanawiało go, dlaczego od niemal trzech dni Beatka milczy. Igor pojechał przedwczoraj do Amsterdamu i miał wrócić dopiero za pięć dni. Dziś nie dostał od niej żadnej wiadomości. Umówiła się z nim jeszcze przedwczoraj. „Brunonku, Igor wyjeżdża, więc pojutrze jedziemy. Bądź gotów" – napisała.

Na ulicy uderzył go blask słońca. Ubrał się cały na czarno. Koszula i cienka, lekka marynarka świetnie się komponowały i nadawały jego wyglądowi świeżości. Założył okulary, by słońce nie raziło jego smutnych oczu. Powinna była napisać coś, ale zapewne nie zrobiła tego, bo chciała się z nim spotkać. Nagle dostał SMS-a. Stojąc przed samochodem z kluczykami w ręku, odczytał: „Wiem, że będziesz rozczarowany, a może nawet zły. Nie wiedziałam, jak Ci to napisać, ale Igor zrobił mi niespodziankę i dzisiaj wrócił. Nie możemy jechać".

Poczuł żal. Nie czuł się zawiedziony, rozczarowany, ale po prostu czuł żal. Chciał skończyć znajomość z nią tak, jak to zaplanował, a teraz musi zmieniać plany. Zadzwonił:
– A dzisiaj możemy się spotkać, chociaż na chwilę?
– Tak, ale tylko do piętnastej, potem już nie.
– Dobrze. Może za godzinę?
– Może być, ale tylko na chwilę. Gdzie?
– W Masce?
– Będę za pół godziny.
– Do zobaczenia.

Miał nowy plan. Napisał szybko list. Zadzwonił i zarezerwował stolik. Nigdy nie udawało mu się kupić dla niej takich kwiatów, jakich szukał. Może dlatego wciąż próbował i często je od niego dostawała. Dziś było zupełnie inaczej. Jak tylko przekroczył bramę targowiska, znalazł dziewczynę z odpowiednimi kwiatami. W okularach z cienkich drucianych oprawek czytała książkę. Kiedy podniosła wzrok, dostrzegł niemal identyczne jak Beatki, jasnoniebieskie oczy, przywodzące mu zawsze na myśl kolor deszczu.
– Słucham.
– Poproszę tę białą różę.
– Tę najdłuższą?
– Tak.
– Tylko jedną?
– Tak, jedną – odpowiedział. Gdy napotkał jej zdziwiony wzrok, nie zrozumiał go. – Co się stało?
– Widywałam pana już tutaj wiele razy. Często kupuje pan kwiaty, a to nieczęsto się zdarza, proszę mi wierzyć, wiem, co mówię. Nie kupił pan jeszcze nigdy jednego kwiatka, zawsze prosił pan o piękny bukiet. Prawda?
– Bardzo możliwe – odparł zaskoczony jej wnikliwą obserwacją.
– A dziś tylko jeden?
– Tak, dziś wyjątkowo tylko jeden.

Uśmiechnęła się i podając pięknie przybrany, prawie ponadmetrowej długości kwiat, z wielkim jak filiżanka, na wpół rozwiniętym pąkiem.
– Dziękuję.
– Proszę – odparła. Kiedy odwrócił się, usłyszał jeszcze: – Życzę powodzenia.

Zatkało go, zatrzymał się i przekrzywił głowę w jej stronę, ale nie spojrzał na nią i nie odwrócił się. Po chwili dodała:

– Kobieta, która dostaje od pana te kwiaty, musi być z panem bardzo szczęśliwa... Albo pan jest z nią bardzo nieszczęśliwy.

– Do widzenia.

Kilka minut później przed wejściem do kawiarni poczuł na twarzy ożywczy powiew wiatru. Pchnął ciężkie drzwi i podszedł do barmana. Przedstawił się, barman potwierdził rezerwację i wskazał ruchem dłoni stolik przy oknie. Bruno położył różę na parapecie, który znajdował się niżej od stolika, dzięki czemu doskonale skrył niełatwy do zasłonięcia kwiat. Młoda kelnerka dostrzegła ją dopiero, kiedy zapytała o zamówienie.

– Co mam podać?

– Proszę becherovkę z tonikiem, lodem i cytryną.

– Proszę bardzo – odparła z uśmiechem, zerkając na kwiatek.

– I proszę, niech...

– Tak?

– ...będzie wstrząśnięte, niemieszane – dokończył, uśmiechając się przyjaźnie.

Odwzajemniła uśmiech, dając spojrzeniem znak, że chwyciła żart rodem z filmów z superagentem 007. Po chwili jego usta dotknęły zimnego szkła szklanki i pociągającego chłodu drinka. Miał jeszcze kilkanaście minut. Po kilku łykach alkohol nieco go rozluźnił.

Kiedy duża wskazówka wiszącego nad drzwiami zegara dotarła już niemal do godziny dwunastej, zobaczył ją. Szła wolno w kierunku lokalu, w którym siedział. Widział, jak wycisza telefon i poprawia piękne, bujne włosy.

Gdy znalazła się w środku, omiotła wzrokiem wnętrze, dostrzegła go, uśmiechnęła się i podeszła. Wstał, a ona przywitała się z błyskiem w oku.

– Witaj, Brunonku.

Nie odpowiedział. Usiedli i kiedy spojrzała w jego oczy, dostrzegł, że niczego nie rozumie. Odpowiedział dopiero po chwili:

– Witaj.

Zobaczył, jak w jej spojrzenie wkrada się niepewność. Kątem oka dostrzegła różę na parapecie. Bruno położył ją w poprzek stołu. W głębi duszy płakał. Po chwili chwyciła go za ręce, szepcząc:

– Dziękuję. Jest piękna. Przepraszam cię. Wiesz, że to nie moja wina.

– Daj spokój.

– Cieszę się, że się nie gniewasz. Muszę ci coś ważnego powiedzieć.

– Tak? – Bruno udał zainteresowanego, choć nie mogła już powiedzieć nic, co zmieniłoby cokolwiek. – Mów.

Miała dziś wyprostowane włosy i wyglądała przecudownie. Nie widywał jej jeszcze z prostymi włosami i ten zabieg nagle zmienił jej wizerunek. Podobała mu się jak zwykle. Lub inaczej – podobała mu się bardziej niż zwykle.

– Wyobraź sobie, że zaraz po przyjeździe do Amsterdamu Igor zadzwonił do mnie.

– Dziwi cię to?

– Samo w sobie nie, ale dziwi mnie to, o co zapytał w pierwszej kolejności.

– Tak?

– Zapytał, czy już spotkałam się Brunonem. Co o tym myślisz?

Nie odpowiedział od razu. Zdziwiło go, ale postanowił to zbagatelizować.

– Nie martwiłbym się na twoim miejscu.

– Nie wiesz jeszcze wszystkiego.

Teraz Bruno rzeczywiście się zainteresował.

– Więc?

– Kiedy wyjeżdżał, pakowałam rzeczy i znalazłam w kieszeni jego spodni karteczkę z twoim numerem telefonu.

– Co?

– Spisał sobie twój numer telefonu.

– To rzeczywiście trochę dziwne. Nie dzwonił ani nie pisał do mnie.

– Bruno, mam cię zapisanego w telefonie jako Agnieszka Jędrzejowska.

– Tak, tak, teraz pamiętam. Więc myślisz, że Igor coś podejrzewa?

– Nie wiem.

– Ale te trzy sytuacje nie mogą być chyba zwykłym zbiegiem okoliczności.

– Dlaczego trzy?

– Karteczka, telefon z Holandii, pytanie i niespodziewany powrót.

– Tak, Bruno, masz rację. Boję się trochę.

– Nie bój się, to i tak nie ma już znaczenia.

– Słuchaj, musimy być ostrożniejsi, przez jakiś czas nie będziemy się spotykać, dobrze? Czekaj… – zreflektowała się po chwili. – Dlaczego to nie ma już znaczenia? Co chcesz przez to powiedzieć?

– Jak było u babci w Niemczech?

– Co?

– W Niemczech. Z Igorem. Niczego tam dziwnego nie zauważyłaś w jego zachowaniu?

– Co chcesz przez to powiedzieć? – Zanim odpowiedziała, badawczo omiotła go wzrokiem. – Coś sugerujesz?

– Dzisiaj spotykamy się po raz ostatni.

– Co?

– Zaraz wstanę i wyjdę, a ty na zawsze o mnie zapomnisz. Nie będziesz więcej pisać do mnie ani dzwonić. Po prostu znikniesz z mojego życia – mówił, ona patrzyła zaskoczona, a przy tym całkowicie bezradna.

Przesunęła dłonie w jego kierunku. Cofnął ręce. I wstał. Na stoliku położył kopertę. Kiedy wsuwał krzesło z powrotem pod stolik, szepnął:

– Kiedyś zrozumiesz...

– Nie możesz tego zrobić, słyszysz?

– Mogę.

– Nie możesz!

– Muszę. I właśnie to robię.

– Będziesz żałować.

– Żałuję od samego początku. Żałuję, że nie powiedziałem ci tego wcześniej.

Odwrócił się i podszedł do barmana. Położył banknot na barze i wyszedł bez słowa, trzymając marynarkę na zgiętym ramieniu. Siedziała przy stoliku zdumiona i w szoku. Nie rozumiała. Dopiero powoli docierało to do niej.

Bruno tymczasem szedł, a świat wokół niego wirował tysiącem barw i dźwięków, głosów i kształtów, które mimo że otaczały go, jak morze otacza wyspę, nie docierały do jego świadomości i były poza nią. Myślał o tym, co przed chwilą się stało. Musiał tak zrobić, musiał to powiedzieć i wiedział, że zrobił dobrze. Tak podpowiadał mu rozum. Serce jednak krzyczało:

– Wracaj do niej. Natychmiast!

Zdawał sobie sprawę, że jednocześnie krztusi się pełnymi ustami rozpaczy, bólu i krwi, bo każde spotkanie z nią, każdy pocałunek, każde muśnięcie dłoni, każda noc i każdy jej orgazm dziurawiły mu duszę i kaleczyły serce. A tego dnia coś w nim się pękło.

44.

Siedziała oszołomiona, nie do końca rozumiejąc, co się stało. W kopercie jasnozielonego koloru znalazła list na miękkim jak pergamin papierze. Otworzyła i zagłębiła się w lekturze.

Najdroższa...

Wiem, że nie mam prawa Cię tak nazywać, a ten list nigdy nie powinien być napisany i przeczytany. Ale jest, chcę, aby był, i nic tego nie zmieni. Sumienie, rzeczywistość, rozum czy uczucia. Jeśli teraz czytasz, znaczy to, że stało się tak, jak to zaplanowałem. Wierzę, że może kiedyś zrozumiesz.

Tęsknię za Tobą, Duszku. Już. Zanim jeszcze to się stało, tęsknię za wszystkim. Powinienem tęsknić jedynie za smakiem ust i orgazmami, ale tęsknię za wszystkim... Za obecnością i rozmową.

Spróbuję zapomnieć, wyzbyć się wspomnień, wyrzucić i zagłuszyć Twoją cząstkę we mnie i wszystko, czym jest i była Dziewczyna o Perłowych Włosach. Nie wiem, czy potrafię. Więc postanowiłem napisać, aby mieć chociaż namiastkę rozmowy – taki substytut, żałosny i niepełny ekwiwalent.

Jakie to egoistyczne, prawda?

Mam tyle myśli i słów, które chciałbym Ci przekazać. Wiem, że Ty masz ich jeszcze więcej, a ja chciałbym je usłyszeć. Brakuje mi tego, jak się uśmiechasz, poruszasz, mówisz, pachniesz, myślisz, czujesz, denerwujesz i chcesz lub nie chcesz. Bo teraz jesteś nierealna, nierzeczywista... Bardziej nierzeczywista, niż kiedy byłaś tylko słowami na ekranie komputera.

Wiem, teraz też jesteś daleko, gdzieś poza, gdzieś w innym świecie, ale ja do tego świata już nie należę. Wszystko spieprzyłem. :-(Wiem o tym i szlag mnie trafia.

Mówiłaś, abym się nie zakochiwał. Ale przecież każdy, kto usłyszy takie słowa, się zakochuje. Nie żałuję tej miłości, nie wypieram się jej i gdybym miał spotkać Cię po raz drugi, pokochałbym Cię tak samo. Może w innym świecie byłoby inaczej? Gdybym Cię spotkał znowu ten pierwszy raz?

Najgorsza jest świadomość, kiedy rozum wygrywa z uczuciami i obnaża ich bezpodstawność, bezsensowność, utopię i stawia mnie w realnym szeregu Twoich znajomości. Wiesz, to uczucie jest najgorsze. Nie wiem, czy to ból jest, chyba nie, to coś innego, nie wiem co.

Jest we mnie dziwny wewnętrzny spokój. Nauczyłaś mnie tego. Dlatego mogłem szczerze rozmawiać z Tobą. Jesteś tak doskonała, mimo wad, mimo najważniejszej – że nie będziesz nigdy moja. Wiem, że nie kochasz mnie, nigdy nie kochałaś i nigdy nie pokochasz. Wiem, że jestem tylko Brunonem, tylko nim i tylko jednym z nich.

Znajomość z Tobą elektryzowała powietrze, była pachnąca winem, kwiatami, mokrymi plecami, miała kolor Twojej ulubionej sukienki, naszej muzyki, niepohamowanej żądzy, namiętności. Byłaś czymś, co nie istnieje, chwilą, zapachem, kobietą idealną do końca, bo kobiety idealne nie istnieją, a Ciebie przecież już nie ma.

Tęsknię w całej beznadziejności... Najgorsze, że zdaję sobie sprawę z konsekwencji tego i że tęsknię za czymś, czego nie ma. Chciałbym być tak bardzo głupi lub obdarty z uczuć, aby tego nie czuć.

Chcę, abyś była szczęśliwa. Może wyda Ci się to nonsensowne i nie uwierzysz, ale kiedy mówię o tym, Igor nie zniknął.

Myślałem, że jak napiszę list, to będzie w nim wszystko, co chcę, czuję, pamiętam, i wszystko, o czym chciałbym, abyś wiedziała. Jestem oszustem samego siebie. Sądziłem, że to będzie tak, jakbym zapalił w kominku drewno i po spaleniu wyniósł popiół. Ale nie ma popiołu. Nie ma, bo w kominku nadal jeszcze coś się pali. I żadnym listem nie można ani tego przyśpieszyć, ani zakończyć.

Chcę, abyś była pogodzona ze sobą, z całym otaczającym Cię światem i robiła to, co uznasz za stosowne i najlepsze dla Ciebie, nigdy zaś nie robiła tego, czego oczekuje od Ciebie świat. Abyś była szczęśliwa. Szczęśliwa w swoim świecie i w swoich snach. Nigdy w cudzym. Niech wszystkie Twoje plany się zrealizują, a prawie wszystkie marzenia spełnią. Prawie, bo niech zostanie Ci jedno, które nigdy się nie spełnia i przez to jest najcudowniejsze, bo można wciąż o nim marzyć. O miłości. Twojej, takiej, jakiej pragniesz i chcesz. Idź własną drogą i niech będzie ona zawsze gładka i bez zakrętów. A o tym, że kiedyś byłem ja, zapomnij i nigdy sobie tego nie przypominaj, bo od tej właśnie chwili nie ma mnie i przestałem istnieć.

Teraz będę skurwielem. Wybacz. Zapomnij o mnie od tej chwili. Nigdy sobie nie przypominaj. Nie chce mi to przejść przez gardło, ale jeśli odezwiesz się choć raz, Igor dowie się o wszystkim. Powiem mu. A nie chcę tego robić.

Żegnaj. Na zawsze, na nigdy Twój – Bruno.

45.

Nie może jej tego zrobić! Żaden mężczyzna nigdy mnie nie zostawił – myślała. To zawsze ona porzuca kochanków. Nie mogła dopuścić, aby tak się stało – myślała intensywnie, wracając do domu ze spotkania z Brunonem. Napisała do niego SMS-a z prośbą o spotkanie, aby wprowadzić tę kończącą się znajomość na właściwy tor. Jeśli uznawała, że dalsza znajomość nie układa się tak, jak powinna, zmieniała relacje. Ale zawsze ona, nikt nigdy nie zrobił tego najpierw. Nagle zadzwonił Igor.

– Kiedy będziesz w domu?
– Wracam już, jestem w autobusie.

– Więc za dziesięć minut?

– Raczej za piętnaście. Dlaczego pytasz?

– Bo muszę wyjść. Nie będzie mnie chwilę.

– A dokąd idziesz?

– Wszystko ci opowiem, nie martw się.

– Okej, niech będzie. Pa.

– Pa, rybko.

Igor ją zdziwił. Weszła do domu i się rozebrała. Miało go nie być. Tymczasem siedział przed telewizorem i milczał. Zaskoczył ją.

– Niespodzianka – rzekł, uśmiechając się. – Zajrzyj do łazienki.

Przywitała się, weszła do łazienki i stanęła jak wryta. Większe wrażenie mógłby wywołać chyba jedynie widok zwłok w wannie. Napuścił do wanny wody, która akurat miała taką temperaturę, że zachęcała do kąpieli. Woda pachniała i pieniła się, więc dodał do niej soli – zauważyła. W łazience ułożył kilka zapachowych świec, które napełniły niewielkie wnętrze przyjemnym zapachem. Kochany Igor.

– Dziękuję, Igorku, miałeś wspaniały pomysł.

– Cieszę się, że mogłem sprawić ci przyjemność. Ale to nie wszystko, Rybko.

– Nie?

– Wejdź do wanny i odpocznij, zaraz ci coś tam przyniosę.

– W takim razie już wskakuję do wody, bo jestem strasznie ciekawa.

Zrzuciła ubranie, zdjęła bieliznę i ostrożnie weszła do wanny. Gorąca woda otoczyła ciało. Po chwili, kiedy z wolna zaczęła się odprężać, Igor zapukał.

– Proszę, proszę. Wejdź.

Drzwi się uchyliły i zobaczyła w nich Igora z dwoma kieliszkami wina.

– A więc to ta niespodzianka?

– Tak.

– Czytasz w moich myślach. Nalej mi.

Beatka już miała na końcu języka pytanie, już niemal je wypowiadała, lecz gdy dostrzegła etykietę, nagły chłód zmroził jej serce. To było wino, którego nigdy z nim jeszcze nie piła. Piła je za to wielokrotnie z Brunonem. Czyżby wiedział więcej, niż przypuszcza?

– Kupiłem dzisiaj nowe.

– Tak? Jakie?

– Witosha, półsłodkie. Ciekawe, czy będzie dobre.

– Jasne, jest bardzo dobre.

– Tak? Piłaś je już?

Pożałowała tego, co powiedziała. Teraz czuła strach. Igor zachowywał się niby normalnie, ale czuła, że nie do końca wszystko jest w porządku. Na złodzieju czapka gore – pomyślała.

– Tak, nie jestem pewna, ale chyba tak.

– A z kim?

– Z Agnieszką – skłamała.

– W takim razie na zdrowie.

– Na zdrowie.

Oboje przechylili kieliszki. Potem Igor rozebrał się, wszedł do wanny i pocałował ją. Odwzajemniła pocałunek i po chwili oddali się namiętności w wodzie. Nie potrafiła jednak myśleć o niczym innym, tylko o Brunonie. Kiedy Igor całował ją, marzyła, że są to usta Brunona. Kiedy czuła jego dłonie, fantazjowała, że to Bruno ją pieści.

W łóżku, kiedy narzeczony zasnął, nadal myślała. Potem wstała i wróciła z powrotem do łazienki. Usiadła na muszli i napisała SMS-a do kochanka. Postanowiła się z nim spotkać. Jeszcze jeden raz.

46.

Bruno wszedł do pustego domu. Czuł tylko smutek. Cichy dźwięk przekręcającego się w zamku klucza trochę go pobudził. Drzwi skrzypnęły. Nie zapalił światła. Blask latarń wpadał do pokoju i oświetlał mieszkanie. Włożył dysk do kieszeni odtwarzacza i ciche wnętrze wypełniło się dźwiękami Requiem for a dream.

Długie pociągnięcia smyczka, perkusja, cymbały, gitary, łącząc się w jeden cudownie powiązany ze sobą utwór, wprawiły go w nastrój, jakiego potrzebował. Otworzył lodówkę. Był bardzo zmęczony. Odkorkował butelkę najlepszego wina, jakim akurat dzisiejszego wieczoru dysponował.

Pomiędzy deskami podłogi, obok filarów z dębu i ścian z gołej, czerwonej cegły, pomiędzy najdrobniejszymi zakamarkami mebli, krzesłami, pośród najróżniejszych sprzętów, których w końcu nie było tu dużo zbyt wiele, widział w ciemności ją. Beatkę.

Przecież w najgorszych koszmarach – myślał – jest takie miejsce, do którego zawsze można uciec. Ale to, co dziś przeżył, nie było snem. Jego marzenia składały się właśnie z niej. Była nimi. I właśnie stracił ją bezpowrotnie.

Zajął swoje ulubione miejsce, na parapecie. Okno było tak duże, a ściany budynku tak grube, że mógł usiąść na ciepłej, drewnianej desce, prostując nogi i opierając plecy o jedną ze ścian. Pociągnął łyk chłodnego piwa i zapalił papierosa. Nagle stało się coś, czego bardzo nie chciał. Dostał SMS-a.

„Proszę Cię, spotkaj się ze mną! Zawsze obiecywałam sobie, że żadnego mężczyznę nigdy nie będę prosiła, aby mnie kochał, ale Ciebie proszę, nie zostawiaj mnie, nie odchodź. Spotkajmy się jeszcze raz. Będę na Ciebie czekała jutro o 22.30 na dworcu głównym, na 3. peronie".

„Miałaś do mnie nie pisać" – wystukał natychmiast. „Nie pisz więcej. Nie chcę wszystkiego mówić Igorowi". Po kilku minutach przyszedł kolejny SMS, po którym Bruno podjął decyzję.

Siedząc w mroku, pogrążony w myślach, co jakiś czas małymi łykami popijał bezgłośnie płyn koloru słomy, układał wszystko jak potłuczone szkło w jedną sensowną całość. W wyobraźni odtwarzały się niczym obrazy w kinie wydarzenia z dzisiejszego dnia i starsze, sprzed kilkunastu dni, w których widział siebie, Beatkę i Malwinę. Jego umysł rozkładał na czynniki pierwsze minione wydarzenia.

„Nie chcę tego pisać, ale muszę. Prosiłem Cię, abyś nie dzwoniła więcej i zapomniała. Ale masz to gdzieś. Więc posłuchaj uważnie, bo jeśli raz jeszcze zadzwonisz lub napiszesz, spotkam się z Igorem i o wszystkim się dowie. Więc, do cholery, daj mi spokój" – wystukał na klawiaturze telefonu. Po kilku chwilach otrzymał odpowiedź: „Będę jutro czekała".

Był już pijany. Otworzył książkę telefoniczną. Patrząc na numer Igora, postanowił, że zadzwoni do niego jutro. Zadzwoni i udowodni, że Beata go okłamuje. Ona go znienawidzi i w ten sposób się od niej uwolni.

Rano zrobił to, co zaplanował po pijanemu. Lecz Igor chciał więcej niż tylko telefon. Zgodził się spotkać i przyjść na dworzec o 22.30, jak chciała.

Następny telefon wykonał do Malwiny. Poprosił, aby także przyszła. Niezależnie od wszystkiego, co między nimi się wydarzyło, była jego przyjacielem, wszystko potwierdzi Igorowi i otworzy mu oczy. Jego była, słysząc tę propozycję, natychmiast poczuła słodkawy smak zemsty. Teraz może napoić się nią do syta. Zgodziła się.

Bruno przemyślał to. Beatka okłamie Igora, że musi wyjść gdzieś wieczorem. I niespodziewanie spotkają się po raz pierwszy wszyscy w czwórkę. On, Beatka, Malwina i Igor. Beata nie skrzywdzi już ani jego, ani Igora.

Jakże mocno Bruno się mylił.

47.

Miał pecha. Najpierw nie mógł uruchomić auta. Potem, kiedy już jechał, regularnie na wszystkich skrzyżowaniach trafiał na czerwone światło. Kiedy znalazł się w pobliżu dworca, zablokowali go taksówkarze. Wreszcie zaparkował i spojrzał ze strachem na zegarek. Od prawie pięciu minut był spóźniony. Wysiadł z auta i trzasnął drzwiami. Przekręcił zamek i ruszył w stronę dworca. Słyszał nadjeżdżający pociąg.

Budynek dworca Opole Główne, choć niewielki, rozdzielony jest torowiskami peronu piątego i czwartego od strony wschodniej, a od zachodniej pozostałymi trzema. Zlokalizowany pomiędzy nimi tworzy coś na kształt wyspy w plątaninie kolejowych torów, trakcji, podkładów, smaru i ruderalnej roślinności. Aby dostać się na ową wyspę, trzeba pójść podziemnym przejściem, w którym uliczni grajkowie chętnie przygrywają oświetleni bladym światłem jarzeniówek, marząc o świetle reflektorów wielkiej sławy.

Bruno zbiegał do przejścia. Minął zgarbionego żebraka z puszką piwa. Nagle jego uszu doszedł przeraźliwy krzyk. Najpierw zagłuszał go huk wtaczającego się na tor pociągu. Stopniowo, jak cichnął łoskot pociągu, krzyk stawał się coraz głośniejszy. Zwolnił kroku. Zbladł i poczuł się nieswojo. Wtem wrzask ucichł i Bruno przyspieszył. Przebiegł niemal przez całe podziemie i jął wspinać się na górę, ku poczekalni, kasom biletowym i peronom. Jeszcze tylko kilka kroków i będzie w sercu dworca.

To, co zobaczył, zmroziło mu serce nagłym lodem. Znów usłyszał przeraźliwy krzyk. Ale zobaczył też biegnącą w jego kierunku Beatkę.

– Nieeeeee!

Zatrzymała się nagle, kilkanaście kroków dalej, i zamilkła. Patrzyła uporczywie, nie odrywając wzroku, a w jej oczach czaiło się coś, czego nigdy wcześniej u niej nie widział. Coś, czego nigdy wcześniej nie widział w żadnym innym spojrzeniu.

Podniosła dłoń na wysokość twarzy, groteskowym gestem poprawiła mokre włosy. Małymi krokami odsuwała się od niego, jak dzikie zwierzę w cyrku pod szpicrutą tresera. Podniosła obie ręce, odwróciła dłonie w jego kierunku. Patrzyła na kogoś, kogo jeszcze przed niecałą minutą zabiła. Kogo chciała zabić. Dla niej było to jak zmartwychwstanie.

– Widzisz?

– Co?

– Pytam się, kurwa, czy widzisz tę pierdoloną krew. Widzisz ją? – wrzasnęła.

Mokra od krwi, szalona, pijana, z nienaturalnie rozszerzonymi źrenicami, zapłakana i rozczochrana. Blada, jakby cała krew z jej ciała zgromadziła się na ubraniu.

Poderżnęła sobie żyły – pomyślał – lecz zaraz potem dostrzegł, że nie miała ran. A mimo to widział krew na jej ubraniu, na palcach, na biżuterii. Ale to nie była jej krew. Ta pachniała zbrodnią.

– Widzisz?

– Uspokój się. Co się stało?

– Uspokój się? – Zaśmiała się histerycznie. – Mam się uspokoić? Przecież ty wciąż jeszcze nic nie rozumiesz! Przecież, Brunonku, ty nadal niczego nie rozumiesz! – szeptała teraz tak, że przypomniała dziewczynę, którą kiedyś była. – Zabiłam go!

– Co?

– Zabiłam! Rozumiesz? Właśnie go zabiłam. – Usłyszał słowa, które zmroziły mu serce. Przeczucia go nie myliły.

– Co ty mówisz?

– To miałeś być ty – wrzasnęła, cofając się. – To miałeś być ty, skurwysynie! Słyszysz? To miałeś być ty! – krzyczała, powtarzając ciągle to samo zdanie. – Nie jego miałam zabić. To miałeś być ty!

– Beata! O czym ty, do cholery, mówisz?! – Mówiąc to, dostrzegł otaczających ich gapiów i sokistów ostrożnie kierujących się w stronę Beatki.

Nagle dziewczyna zatrzymała się i zamilkła. Z jej ust wydobył się znów taki sam cichy szept, który w zestawianiu z tym, co się działo, czynił jej słowa jeszcze bardziej przerażającymi.

– To nie miałeś być ty, Igorku. To nie miałeś być ty. To miał być Bruno, najdroższy, to miał być on… Przepraszam – szeptała, po czym umilkła i spojrzała na gołębie latające pod sufitem dworcowego holu. Po kilku sekundach uniosła oczy w górę i osunęła się bez świadomości na zimną posadzkę.

Sokiści otoczyli Beatę. Bruno patrzył przed siebie tępo. Dostrzegł też w tle postać, którą tak dobrze znał. Malwina przerażona wpatrywała się w niego szeroko otwartymi oczami. Widział w nich tylko strach.

48.

Na komisariacie musieli złożyć zeznania. Opowiedział wszystko dokładnie od początku, choć miał już dosyć tych wspomnień. Malwina także. Żałował, że wplątał ją w to. Po powrocie zmęczony upadł na łóżko i spał niemal dziesięć godzin.

Gdy wstał, wziął prysznic, napił się porannej kawy i posprzątał mieszkanie. Nie mógł wysiedzieć na miejscu. Pojechał do garażu, wyprowadził yamahę. Ubrał się w motocyklowe skóry i wsiadł na motocykl. Odpalił silnik i już po chwili, kiedy praca ponadlitrowego rzędowego czterocylindrowca wyrównała się, wbił bieg i wjechał na ulicę. Postanowił, że wyjedzie z miasta na autostradę, by pozbyć się myśli, które cisnęły się do głowy, i obrazów, które go prześladowały.

Ciągle w uszach brzmiał mu głos Igora, którego przecież sam zwabił na dworzec. Widział twarz Beatki, kiedy krzyczała w holu, czerwona od krwi. Bijąc się ze swoimi myślami, przemieszczał się zwinnie pomiędzy samochodami, niemal zgodnie z ograniczeniami prędkości. Czuł się odpowiedzialny za to, co się wydarzyło, jednocześnie wiedział, że to on miał zginąć i że to jego Beatka chciała zabić. Cudem, lub bardziej może przypadkiem, uniknął śmierci i oszukał przeznaczenie. Było to dziwne uczucie.

Przejechał rondo i skręcił w ulicę Wrocławską, kierując się na autostradę. Nagle zobaczył, że z boku ciężarówki odpina się burta i jedne za drugim wysypują się na pas kilkanaście metrów przed nim pnie drzew, jak monstrualne zapałki. Był niemal bez szans. Zredukował bieg do trójki i gwałtownie odkręcił gaz, jednocześnie pochylając się w przód, by dociążyć przednie koło. Wskazówka obrotomierza niemal natychmiast przesunęła się w okolicę dziewięciu tysięcy obrotów, a silnik ryknął z tłumików. Motocykl szybko przyśpieszył, dzięki czemu w ostatniej chwili ominął przesuwające się po asfalcie przeszkody.

Zatrzymał się na poboczu, aby ochłonąć. Poczuł, jak jego ciało ogarnia fala gorąca, zapewne od reakcji na gwałtowny zastrzyk adrenaliny z nadnerczy do krwiobiegu. Sekundę później usłyszał pisk opon. Spojrzał w stronę, skąd dochodził ów odgłos, i zobaczył, jak bokiem w jego kierunku sunie zdezelowany mercedes 123. Potem wszystko zgasło. Zrobiło się cicho.

Kiedy się ocknął, poczuł, że jego ciało jest bezwładnym kawałkiem mięsa. Zamiast bólu poczuł błogość i ciepło. Nie był sam. Pochylała się nad nim młodziutka, przepiękna dziewczyna, widział dokładnie jej niezwykłe, płynne i harmonijne linie twarzy. Trafił do szpitala. Zatem była lekarzem.

Jasne, piękne jak u Dziewczyny o Perlistych Włosach kosmyki niesfornie spływały po policzkach. Pochylała się nad nim, dotykając smukłymi palcami. Nie czuł jednak dotyku, tak jakby była tylko snem. Ogarnęła go niezwykła błogość. Nie potrafił tego wytłumaczyć i nie rozumiał. Przypomniał sobie tira z drewnem i mercedesa, który w poślizgu zmiótł go z drogi.

Widział też pokój, w którym leżał, z każdej możliwej perspektywy, choć cały czas leżał na wznak w łóżku, podłączony do aparatury tlenowej. Dostrzegł również, że w jego skórę wbite są igły i do woreczków z płynami prowadzą cieniutkie rurki.

Patrzył na twarz dziewczyny i widział, jak zachodzące słońce odbija się w jej błękitnych oczach. Był to najwspanialszy widok, jaki kiedykolwiek widział. Dlaczego nie spotkał jej wcześniej? Kolor jej oczu był tak piękny, że zapragnął jej to natychmiast powiedzieć.

– Ma pani wspaniałe błękitne oczy – szepnął, ale nie usłyszał głosu. Jego wargi się nie poruszyły. Nie mógł mówić, a ona nie mogła go słyszeć. Nie rozumiał, co się stało.

– Dziękuję – odparła jednak. – Nie bój się. Zostanę jakiś czas przy tobie.

– Skąd wiesz, co chciałem powiedzieć? – odparł i wtedy zrozumiał. Porozumiewa się z dziewczyną bez słów. Przeraził się, ale zaraz potem uspokoił pod jej spojrzeniem.

– Nie jesteś lekarzem, prawda?

Dziewczyna dotknęła otwartą dłonią jego policzka i choć widział to, nie czuł tego zupełnie. Zaprzeczyła i znów usłyszał jej głos w myślach.

– Jestem kimś w rodzaju lekarza. Przyszłam ci pomóc. Bo zdaje się, że masz kłopoty i będziesz mnie teraz przez jakiś czas potrzebował.

– Kłopoty, tak. I to dość poważne... A co się stało z Beatką?

– Cichooo, to już nieważne. Nie myśl o tym.

– Nieważne? Jak to?

– Wiesz, że jesteś tu już dwa tygodnie?

– Tak długo spałem?

Nagle zobaczył, że do sali w pośpiechu wbiegają ludzie w niebieskich fartuchach i gorączkowo się przy nim poruszają. Patrzył, jakby był zupełnie kimś innym, kimś obok. Nagle uświadomił sobie, że patrzy z boku, jakby oglądał z tą jasnooką dziewczyną siebie samego.

Widział, jak ktoś wstrzykuje zastrzyk, a ktoś inny przykłada do klatki piersiowej elektrody defibrylatora. Nagle zobaczył, jak jego ciało podnosi się, po czym opada, a drugi mężczyzna uciska mu klatkę piersiową. Po chwili znów przyłożyli mu do ciała elektrody i ponownie ciałem szarpnął wstrząs. Bruno patrzył na to wszystko i powoli docierało do niego, co się dzieje.

– To normalne. Nie martw się. Przyzwyczaisz się. Czas to bardzo rozciągliwe pojęcie – odpowiedziała niemal natychmiast w odpowiedzi na jego myśli. Spojrzał na nią zdziwiony.

– Teraz rozumiesz?

– Czy ja umieram? Czy to mój koniec?

– Nie umierasz, Bruno, nie bój się.

– Umarłem już, prawda?

– Tak. Twoje ciało nie żyje od chwili, kiedy mnie zobaczyłeś.

– A oni?

– Ich wysiłki są niepotrzebne – odparła. – Chodź ze mną, nic tu już po nas.

– Jesteś aniołem?

– Nie nazwałabym tego tak.

– A jak?

– Jestem kimś w rodzaju kierowcy autobusu, który na ciebie czeka, aby cię gdzieś zawieźć.

– Przychodzisz po tych, którzy odchodzą?

– Takie jest moje zadanie.

Lekarze przykryli ciało prześcieradłem. Posprzątali i po chwili wyszli. Bruno został sam z błękitnooką dziewczyną i z ciałem. Spojrzał raz jeszcze na siebie i wyszedł za dziewczyną. Na korytarzu dostrzegł Malwinę.

– Co tutaj robisz? – zapytał uradowany, ale nie zareagowała.

– Nie słyszy cię ani nie widzi, Bruno.

Zmartwił się, patrząc na Malwinę. Po chwili odwrócił się do błękitnookiej i rzekł:

– Mam prośbę.

– Słucham.

– Chciałbym jej powiedzieć coś ważnego.

Jasnowłosa spoglądała z ciepłym, łagodnym uśmiechem. Podeszła do Brunona i objęła go. Zupełnie tego nie poczuł. Chwilę później odsunęła się i nie zmieniając wyrazu twarzy, odparła:

– Chciałabym ci pomóc, Bruno, bardzo.

– Więc pozwól mi z nią zostać. Tylko jeden dzień.

– Jeszcze jeden dzień?

– Tak.

– Jeszcze jeden dzień na ziemi?

– Jeszcze jeden dzień w raju.

– W raju?

– Proszę.

– Już za późno, Bruno – odparła z łagodnym uśmiechem.

Spojrzał jeszcze raz Malwinę. Jeszcze jeden raz. Płakała, łkając z twarzą skrytą w dłoniach. Po chwili ruszył za nieznajomą.

– Wiesz, Bruno – zaczęła dziewczyna – słyszałam kiedyś tutaj takie słowo. Nie rozumiem go. Mógłbyś wyjaśnić?

– Jakie?

– „Kochać". Co znaczy „kochać"?

Nic nie czuł. Zrozumiał, że nie ma uczuć. Zabrała je dziewczyna, którą widział na dworcowym holu. Tak jak wszystko inne. Zabrała siebie, miłość i tę płaczącą dziewczynę.

– Teraz, za jeszcze jeden dzień z nią, tylko jeden krótki dzień, od świtu do zachodu słońca, oddałbym wszystko. Całe swoje życie. To znaczy kochać. Rozumiesz?

Patrzyła niebieskimi oczyma, jasnymi od promieni słońca. Słońca, które gasło wraz z Brunonem. Oczyma, które nie rozumiały. Uśmiechnęła się, ruszyli dalej. Korytarz, który przemierzali, wypełniał tylko płacz Malwiny.

Made in the USA
Monee, IL
08 January 2021